U0111575

大展好書　好書大展

品嘗好書　冠群可期

廉讓堂
太極拳傳譜精解

李志紅 等◎編著

武式太極拳創始人武禹襄祖師

《廉讓堂太極拳譜》編著者李亦畬宗師

李啟軒宗師

郝為真宗師

李遜之（右）　趙俊辰（左）
前排：李池蔭　後排：姚繼祖、魏佩林、趙蘊園、劉夢筆

1929 年永年縣國術館全體合影
館長韓欽賢（二排右四）、李福蔭（二排右一）、魏佩林（一排左二）

節節貫穿開合圖四

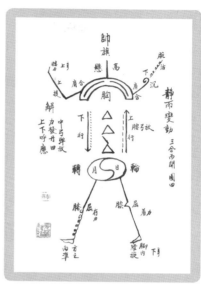

節節貫穿開合圖一

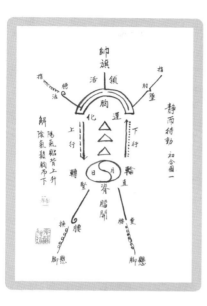

節節貫穿開合圖四解

節節貫穿開合圖四
解曰。無絲毫縫隙。節節合嚴。由
腳到手。丹田是力源。蓄一半氣。氣不可
盡。三合充成。則合中寓開。此時可放開
也。頭爲領兵之帥。鼻尖對準何方。眼
剝敵之喉結。着手奏效也。
令剝嚴。于何方。力發

節節貫穿開合圖一解

節節貫穿開合圖一解曰
鬆不開則沉不下。一鬆俱鬆。骨節輕
靈。氣下行于丹田。乃存氣之海。鼓
蕩之舟。根腳穩固。氣在足心。
身若懸空。空鬆二字。不言而喻。靜也。
合也。縮也。氣行百絡。而道順也。

編者合影，自左而右依次為
李凱斌、王全嶺、李志紅、李云云、彭建
景、王慶

李光藩、李志紅、李云云
祖孫三代合影

原中國武術協會副主席張山為廉讓堂太極拳題字

著名武術家周潤生為廉讓堂太極拳題字

李光藩演練太極刀

李亦畬曾孫李光藩與孫祿堂之女孫劍雲在一起

本書編者李志紅（中）、王慶（左）與作序者孫加瑞（右）在一起

李志紅、李紅旗演練太極散手

中日韓樂山武式太極拳大會名家合影

北京廉讓堂太極拳研究會合影

南京廉讓堂太極拳研究會合影

邯鄲廉讓堂太極拳研究會合影

日本廉讓堂太極拳研究會合影

序 一

從李亦畬先師的「老三本」，到李福蔭先生「十三中油印本」、李槐蔭山西太原鉛印本《李氏太極拳譜》、李光藩等主編的《廉讓堂太極拳譜》分冊本，廉讓堂太極拳譜的傳播已有百餘年。今天，在彭建景、王全嶺的謀劃和李志紅的鼎力支持下，《廉讓堂太極拳傳譜精解》終於要結集出版了。

這次出版是由一幫中青年人出面編選的，在內容上基本保持了原貌，但有些篇章經過再三研究有所取捨。本書共分四編：第一編「考釋篇」；第二編「拳架篇」；第三編「技擊篇」；第四篇「器械篇」。這次編選充分聽取多方的意見，進行了認真的修改，而後才定稿。

第一編為「考釋篇」。本篇廣泛搜集了董英傑、陳固安、李迪生、李正藩、嚴翰秀、李紅旗等人對「老三本」的考釋文章，並郝為真、李寶廉、李寶讓等人練拳的心得體會，相信能對廣大太極拳愛好者有所助益。

第二編為「拳架篇」。選的是李志紅的拳照。他自幼習拳，至今已有三十餘年，在繼承傳統，矯正拳

架上，經由刻苦訓練，達到了較高的水準，蟬聯了國際推手和散手擂臺賽的冠軍。雖然他的功夫還不夠純真，拳架也不那麼完美，但在眾多練拳者中也算出類拔萃了。

第三編為「技擊篇」。上次編選二路拳架時過於匆忙，這次出版重新拍照。李志紅將拳架中的勁力，巧妙地運用到推手與打手上去。他常說：推手即打手，打手即推手。這次編選「技擊篇」時，起用淮南小將王慶。近年來王慶每年都來永年求藝，功夫大長，這次出書他當志紅的助手，配合密切。

第四編為「器械篇」。在永年古城流傳一句話：「楊家杆子李家刀。」李亦畬先師留下的這套刀流傳不廣，只在門內傳承，特別是神出鬼沒的「四刀反四刀」，更是奧妙無窮。今刊在書內，望能廣為流傳。

書稿已成冊，放在案頭審閱一遍，總覺得不夠深入與紮實，對李亦畬「老三本」的研究尚欠火候。希望有眾多內行參與，使太極拳的研究更上一個臺階。

最後，我用鄭板橋一幅對聯作為本序結尾：刪繁就簡三秋樹，領異標新二月花。

李光藩

序　二
太極拳的拳理與哲理

　　余習太極拳已有10年，因所下工夫有限，所獲功夫亦有限。幸有各老師不吝賜教，自覺頗有收穫，其一是健康，其二是明理。

　　余曾患嚴重的胃病和膝關節病，甚至經週不食，樓不能下，經求醫無效，以致把整抽屜的胃藥倒掉，「隨他去罷」。

　　經向陳式太極拳陳照奎大師的弟子史朝紀老師學習太極拳，三四個月後，胃炎竟在不知不覺中自癒；歷三四年後，膝關節病亦大為減輕，現在已經完全無礙，健康狀況日佳。

　　除身體之收穫外，更有精神之收穫。陳式太極拳大師陳鑫曾言：耍拳是小技，但內含大道。此「大道」即今之所謂哲理。是故練太極都要求先明拳理，明拳理後亦可明事理、哲理。

　　中國文化源遠流長，許多成語、俗語中都深含哲理；但是，正因為哲理高深，許多人雖然熟悉這些成

語、俗語，甚至也經常引用，但未必明白，甚至未必相信。例如，「無為而治」「無力勝有力」「柔能克剛」「弱能勝強」「慢能打快」等等，眾人常說但未必明白，甚至未必相信。不過，如果學習了太極拳，特別是和高人「過招」後，便會立即相信：無力真的能勝有力，柔弱真的能勝剛強。這是鐵的事實（「犯者立仆」），不能不信。

所謂「無為而治」的治國大道，在武術就是「無力而勝」的小技，形殊而理一。古代傳下來的那些似乎玄而又玄的「空話」，其實都是實實在在的「真話」，只是我們一直沒有以恰當的方式去感受它，因而也沒有辦法去相信它、理解它。

相信不一定理解，但懷疑則一定不理解（也不願去理解）。透過太極拳，我們不但可以感受到中國傳統哲理名言的真實性，還可以進一步理解其合理性。為什麼太極拳高手能夠「無力而勝」？

其實這裡的「無力」並非通常所說的不用任何力量，只是不用常人的「僵力」「拙力」而已；要去掉身上的「僵力」「拙力」，就要堅持正確的方法，並狠下苦功，方能出現「太極勁」；所謂「無力而勝」，實為「用太極勁勝」。

由此推論，所謂「無為而治」，亦非統治者每天

睡大覺就能治國，而是強調避免折騰（「拙力」），要求多加「調查研究」「看準方向」「順勢而為」。有人認為老子強調「無為而治」是思想消極，其實是根本不理解何為「無為而治」。

太極拳為什麼能「無力而勝」，或者說「太極勁」為什麼能勝「拙力」，是因為太極拳強調身鬆心靜，一接手便可知對方的力量大小與方向，能夠「知己知彼」；又因為太極拳高手「不用力」，使敵不知我之力量何在，因而「不為人知，而獨知人」。我「知己知彼」之後，在彼尚茫然無知之時，就可以因敵變化，有針對性地使用破敵之術，太極拳能「勝敵」便十分自然。因此，太極拳之無力而勝，看似神奇，實則科學。

看太極拳之不用「拙力」，似無力，但看太極拳之破敵，又勢不能擋，實有力；看太極拳之強調鬆柔，似弱，但看太極拳之破敵，如雷霆千鈞，實強；看太極拳之演練，似慢，但看太極拳之破敵，目不能察，實快。因此，太極拳既弱，亦強；既慢，亦快；既有力，亦無力。亦柔亦剛，亦弱亦強，亦慢亦快。這種相反的兩個方面就是陰陽，就是太極。因此，認為太極拳弱能勝強，慢能勝快，無力而勝，實為強調了其中的一個方面，但並不全面；也正因為如此，也

容易使人難以理解。

無力之變為有力，柔弱之變為堅剛，緩慢之變為快速；或者反之，都體現了一個「變」字，也即「易」（變易）。太極拳之勝敵，實際上仍然是以快勝慢，不過這個「快」是指「變化快」，而非通常所說的速度快。因我變化快，方能使敵之進攻落空；因敵之變化慢（相對地），我之進攻方能有的放矢。

陰陽互變之規律，是我國古代典籍《易經》的基本思想，因此太極拳以《易經》為其拳理依據，就不足為奇。許多人把太極拳稱為哲學拳，認為太極拳體現了中國傳統文化的思想精髓，也正源於此。

動分陰陽，陰陽於動。一舉動，或陰或陽，或陽或陰；既陰又陽，既陽又陰；虛虛實實，實實虛虛。所謂陰不離陽，陽不離陰，陰陽相濟，即是此意。懂此，即懂太極，懂太極拳。

現代哲學中的矛盾對立統一規律，不過是陰陽學說的另一種表述方式，更未超出陰陽學說的內容。由此亦可見，我國傳統的哲學思想直到現在仍然是科學的、完整的、先進的。

我國最早的太極拳是陳式太極拳，傳於楊露禪後有了舒展寬大的楊式太極拳，傳於武禹襄後又有了小巧緊湊的武式太極拳。余曾向揚州大學的田金龍教授

學習二十四式太極拳（屬於楊式太極拳），在拳理上深受教誨；亦曾向河北永年縣的李志紅師兄學習武式太極拳，在技擊上大開眼界。

李志紅師兄是武式太極拳創始人之一李亦畬（其舅父是武禹襄）的玄孫，比較完整地繼承了傳統武式太極拳的精華，其功夫精湛，曾連續五年蟬聯全國太極拳推手擂臺賽冠軍。如今，他把武式太極拳的拳、刀、劍、杆和推手技術做了系統的整理，準備出版，這是武式太極拳研究的重要成果。

我們如果能從該書中的具體拳法中悟出其拳理，從其拳理中悟出其易理（哲理），則對於太極拳的理解將不斷昇華；如果能夠把這些哲理用於生活、工作中，則我們在生活和工作中的境界也將不斷昇華。

李志紅師兄責余為本書寫序，然余才疏學淺，甚至有許多內容尚未學過，故不敢對其書中內容妄加評論，只能把自己練習太極拳的一些感悟獻出，供大家批評指正，勉為序。

孫加瑞

本書編委

李志紅　　李云云　　彭建景　　王金嶺
李紅旗　　王　慶　　武　霞　　李凱斌

編者簡介

李志紅　1965年生於河北永年廣府西街。清末太極宗師李亦畬之玄孫，武式太極拳第六代傳人，自幼習武式太極拳，曾在1993年後多次獲國際太極拳比賽羽量級推手冠軍。2001年後多次出訪日本、美國、義大利、英國講學授拳。現為邯鄲市武協副主席、廉讓堂太極拳研究會會長、日本太極拳協會技術部部長。

李云云　女，1992年出生於河北永年太極世家，清末太極拳宗師李亦畬之來孫女，武式太極拳第七代傳人。自幼深受家庭環境薰陶，謹記天祖李亦畬遺訓，受祖父李光

藩教誨，隨父親李志紅習拳，曾多次參加太極拳大會。現留學歐洲。本人胸懷熱忱，深愛太極拳及書法，望將歷史悠久的武式太極拳推向世界。

彭建景　1966年生於河北藁城，畢業於復旦大學法律系，就職於河北省高級人民法院。師從武式太極拳第五代嫡傳李光藩先生。

王全嶺　1966年生於河北獻縣，畢業於復旦大學哲學系，就職於河北省社會科學院。師從武式太極拳第五代嫡傳李光藩先生。

李紅旗　1968年生於河北邯鄲。自幼習練少林武術，後從義父武式太極拳第五代嫡傳李光藩先生學習武式太極拳。曾獲得國際太極拳交流大會85公斤級推手銀牌、銅牌各一枚，太極散手擂臺賽銅牌一枚，並有多篇論文在各級刊物上發表。現為邯鄲市武協副秘書長。

王慶　1977年生，安徽省淮南市人。2012年拜李光藩先生為師，得恩師無私傳授。現為安徽廉讓堂太極拳分會負責人，在家鄉推廣武式太極拳。

武霞　女，1960生，祖籍遼寧大連。中國武術七段、國家級太極拳教練，多次在全國武術大賽中獲得太極拳冠軍。師從中國武術九段張山，同時也是武式太極拳第五代

傳人李光藩、陳氏太極拳第十一代十九世傳人王西安入室弟子。早年習練陳氏、楊氏太極拳，曾得陳正雷、馬春喜等名師悉心指導。拜入李光藩先生門下以來，對武式太極拳勤加練習，深入研究，並融合練習各家太極的體會，技藝愈加精湛。

李凱斌 祖籍河北定州，自幼酷愛傳統武術，遍訪名師，孜孜以學，精通彈腿、炮捶、中國式摔跤等多種傳統武術。70年代隨著名武術家申子榮先生入室弟子褚衍臣先生習武，後又拜太極世家李亦畬先生曾孫李光藩先生為師鑽研武式太極拳。現為中國武術七段、西安申氏武技心意太極養生研究會會長、永年廉讓堂太極拳研究會秘書長。

目　錄

第一編

考 釋 篇

風雨滄桑話太極

——記永年李氏太極世家　李光藩

　　李氏家族是明朝永樂年間，由山西澤州逃荒至直隸廣平府永年縣西楊莊定居。始祖李參。清順治年李之清中進士，後為翰林院編修，帶一支遷廣平府西大街。後族人增多，分為四支：西街老宅、東大街、南大街、城隍廟後三處新宅。三百餘年人丁繁衍，族人分佈北京、天津、上海、漢口、廣州、西安、成都、貴陽等地，還有遠涉重洋到歐洲、美國、日本、澳洲等地的。粗估「藩」字一輩，弟兄不下五百餘人。

　　清嘉慶、道光年間，太極拳由河南溫縣陳家溝傳入永年後，楊露禪、武禹襄最先研習。武禹襄創「武式太極」過程中，其甥李經綸、李承綸參與研討、修訂，特別是李經綸把「太極拳」作為終生之追求，在重文輕武的封建王朝，實屬罕見。

　　李經綸字亦畬，李承綸字啟軒，二人均受教於母舅武禹襄先生。武禹襄開太極拳理論研究之先河，獨闢蹊徑（以理論指導練功）。李亦畬矢志不渝，刻苦鑽研，超越自我，用四十年之心血彙編成「老三本」，使太極理論形成了一個完整體系，為後人留下了一份極珍貴資料，開拓出一條光明大道。

　　二世傳人李寶相、李寶極、李寶琛、李寶桓、李寶廉、李寶讓叔伯兄弟六人均能堅持不懈；三世李福蔭、李召蔭、李槐蔭、李棠蔭堂兄弟四人著書立說，將武式太極推向社會；四世李屏藩、李錦藩、李正藩、李光藩，雖生活動盪不安（經歷抗日戰爭、解放戰爭、「文化大革命」）仍能堅韌不拔，堅持「地下練拳、傳拳」，未使「太極火種」熄滅，後人應永記不忘。李氏相傳數代，嚴守家訓，「不以教拳為業」，將太極拳無私奉獻給社會。

　　一代太極宗師李亦畬自幼熟讀諸子百家之書，稍長，博覽群書，精研老子、莊子的著作。他遺留下的老子著作《道德經》朱跡滿行，眉批行注滲透了他樸素的「唯物辯證」觀點。老子的哲學思想，對他研究總結太極拳理論幫助尤其大。

　　在對古典拳論的取捨上，他表現出敏銳的眼光，獨到的見解，深邃的思考。他心中有一架天平，因而他的理論比古典拳論更貼近現實，更具有應用性，是他把王宗岳高深概括的《太極拳論》通俗、淺顯化了。

　　李亦畬的太極理論，是吸收了各種拳理的精華，在實踐基礎上總結出來的。他廣交天下武林朋友，相互切磋，相互學習，學而化之，融入本原。他交往的朋友中有僧、道、儒、俗，江湖義士，遊俠保鏢及各個層面的人中之傑。這在視「武術」為私人財產的封建王朝，實在不可多得。如他遺下的廉讓堂太極劍、廉讓堂太極刀便是從與崑崙山和尚、峨眉山老道的交流中創編出來的。

　　李亦畬在廣府城西、龍王廟對面有一座花園，人稱

「李家花園」，本名「啟蒙草堂」。李亦畬每有武林好友，必請至園中，小住幾月，長住幾年。「啟蒙草堂」是他交流拳藝、練功寫書消夏的好處所。

一次，李亦畬從城裡去花園的路上，路經西關一家茶館，此時，他端起水煙袋，正想拿火紙點煙，突然飛來一個像「螢火蟲」似的小火彈，正好把煙點著。亦畬抬眼一看，對面茶館風箱前坐著一個夥計，眼光似電。他心中一驚：此人絕非等閒之輩。

夜間，他把夥計請入「啟蒙草堂」，促膝談心，知其身懷絕技「彈子功」。夥計抱拳求亦畬授其太極拳，他才肯把「彈子功」教予亦畬。百日之後，亦畬手執彈弓打天上飛鳥彈無虛發，夥計也完整學會一套太極拳。

一天夜裡，官兵圍住西關搜捕「殺人犯」。次夜，夥計站在亦畬床頭，道出自己身上有兩條人命，已在園中潛藏一天一夜。臨別他送亦畬一本「彈弓譜」，亦畬贈他百兩紋銀要他自己保重。

武禹襄、李亦畬、李啟軒以及後來的郝為真、李寶相等建立了一種類似今天「文化沙龍」的組織。他們開門試拳，而不是「閉門造車」。李亦畬「招至鄉勇，而自驗其術」。他把驗證結果寫成紙條，貼遍書房。從他現存的「紙條」看，一勢拳架數十張紙條並不罕見。他經過反覆訂正，用四十年心血，彙編成「老三本」，為後世留下這筆閃爍著智慧光芒的精神財富。

李承綸，字啟軒，亦畬長弟，光緒乙亥恩科舉人，大挑二等，候選訓導。他喜愛考據、古玩，淡泊名利，無

意仕途，與兄同學太極拳於母舅武禹襄，終生研習，著有
《敷字訣》與《各式白話》，對其兄亦畬幫助最大。其在
家課子侄習文練武，在李氏太極的傳承上起到主要作用，
培養出寶琛、寶桓等。

　　亦畬、啟軒謝世後，李氏第二代嫡系傳人有李寶相、
李寶極、李寶琛、李寶桓、李寶廉、李寶讓叔伯兄弟六
人。他們以李寶相為核心，嚴守祖訓，教拳習技，從不以
藝壓人。李寶相技藝精湛，與郝為真、楊班侯交往甚密。
對外應酬交手比試，都由寶相、寶桓出面。內課子侄，要
求嚴格，一招一勢，必親自矯正，正確無誤方歇手。子侄
晨昏練太極成了必修課。

　　民國廿年的《永年拳術》為李寶相、李寶桓單獨立
傳，書中寫道：寶相與郝為真同學拳於亦畬公，其拳可與
班侯、為真媲美。他壯年漫遊燕都、津門，廣訪武林高
手，名聲遠播，可謂李氏又一代的太極聖手。

　　李寶桓，字信甫，啟軒公三子，性淡默，寡言詞，
精太極拳。曾與長兄寶琛於光緒二十四年應岑旭階太守之
聘請，教習子侄。寶琛精醫道，常配丸散膏丹，免費為人
醫病，鄉鄰謝其德，送一匾，懸其門上，上書「仙手佛
心」。

　　李亦畬長子寶廉性恬靜，愛書法，善國畫，清末秀
才，做過短期督學，後辭職賦閑，入「呂祖社」。善刀
劍、推手，但從不收徒外露，在家課二子槐蔭、棠蔭學文
習武，對孫輩錦藩及鄰人求教者，也演示教導。

　　寶讓，字遜之，拳術多得於長兄寶廉，其後在十三中

學任「庶務」，與郝為真同居一室（此時為真在十三中任國術教員），研討實踐，多有發悟。晚年經商，在本城東大街開設「新華印刷局」。「七七事變」日寇入侵永年，他感到國破家亡，遂停業居家明志，時有摯友趙駿臣一再懇求，遂收徒四人：趙蘊園、劉夢筆、魏佩林、姚繼祖。先生著作甚多，傳世有李遜之談拳小記、初學太極拳練法述要、不丟不頂淺說等。寶讓晚年拳、理精通，為承上啟下之一代名師。

李氏三代嫡傳有：李福蔭、李召蔭、李槐蔭、李棠蔭堂叔伯兄弟四人。

李福蔭，字集五，承綸之孫，父寶琛。家教甚嚴，從小勤勞簡樸，自律其身。1913年畢業於高等師範學堂，工詩詞、愛書畫。任教於河北省永年十三中學。7歲開始學太極拳，除受家訓外又拜郝為真先生為師。

1928年，許之州任縣長，成立永年縣國術館，韓文明為館長，聘福蔭教授太極拳；另在福蔭、召蔭倡議下，眾人集資開設「太極醬園」，作為拳友練拳研究場所，經營所得作為活動經費。

福蔭與堂弟李槐蔭共同商討，將曾祖父亦畬公之「老三本」重新編次，並將李福蔭十三中學油印本《廉讓堂太極拳譜》及石印本《太極拳譜》重新編目立章，於1935年在山西太原公開出版發行。《廉讓堂太極拳譜》向社會公開，福蔭功不可沒。

李槐蔭、李棠蔭昆仲，亦畬公之孫，寶廉公之子。李槐蔭，1924年畢業於南京高級警官學堂，21歲分配到山

西省和順縣任公安局長，次年調太原縣（今山西省太原市晉源區）任公安局長。「九一八事變」後，國內「教育救國」「武術救國」呼聲極高。槐蔭、棠蔭奔走各界，多方活動，1932年在太原發起組成「山西省武術促進會」，邱仰竣（省民政廳長）、馬立伯（省參議會議長）任名譽會長，李槐蔭任會長，李棠蔭任副會長，郝長春（郝為真曾孫）任秘書長。郝長春在上海教拳，槐蔭特聘到並州。

後郝長春回永年，從永年及邢臺聘來多位名師。永年有韓欽賢、張振宗、李召蔭、張旗，邢臺有李寶玉。此時名家雲集太原。之後孫祿堂聞訊從廣州趕來。成立大會還請來了王子平等武林名師，諸人各自登臺獻藝，研討拳理，交流武術，轟動全國。

當時眾拳師一致建議，立起百日擂臺，公推李寶玉做擂主。此時從江南江北、大河上下趕來的拳師名手千名以上。這次擂臺賽上眾拳師同仇敵愾，「以武強身，以武救國」口號響徹雲霄。

這個時期，上海楊澄甫、天津霍元甲等都將秘藏拳譜公佈於世。李槐蔭、李棠蔭親回永年找堂兄李福蔭、李召蔭商討出版《廉讓堂太極拳譜》事宜，計畫正式出版《廉讓堂太極拳譜》。攜稿回並州後，他們拿出多年積蓄的一萬八千塊銀圓作為印刷、發行費用，免費發放一萬餘冊。這為推進太極拳理論發展起了重要作用。

此時，李槐蔭又集資辦起「大陸餐廳」，一樓中餐，二樓西餐，後院旅社，接待各地來的太極名家。山西太原成為北方武林名人聚集的聖地。

　　李棠蔭，字化南，畢業於中國大學法律系，1929年在北平加入中國共產黨。畢業後在山西太原做《山西晚報》記者，因印刷傳單被捕入獄。李棠蔭被其兄營救，出獄後回到永年，著手組織「斌儒學社」，收李屏藩、李錦藩、李迪生、趙振國四人為徒，明面習太極拳，其實是共產黨地下組織。李棠蔭苦練太極功夫，是「蔭」字輩太極拳佼佼者，推手、杆子功夫純正，散手尤為見長，可惜1948年新鄉戰役時壯烈犧牲。

　　李氏四代嫡傳有：李屏藩、李錦藩、李正藩、李光藩堂兄弟四人。屏藩雖忙於革命，但練功不輟，抗日期間任縣委書記也不忘練拳，與堂叔棠蔭抽暇推手、舞杆。李錦藩，兆綸之曾孫，琴、棋、書、畫樣樣精通。外表純樸，內含蘊秀。自幼跟堂叔棠蔭習太極拳，集多年練拳經驗，手書《太極誨言》一冊。

　　錦藩苦苦追求，善於思考，決心把老一輩太極真髓繼承下來。在邯鄲市南關小學任教時誤被打成「現行反革命」，送唐家莊農場勞動教養。湊巧在農場認識了山西太谷縣王宗岳嫡系傳人，學了一套原汁原味的「王氏拳架」（126式）。

　　1962年「勞教」結束後，他回到故鄉永年。此時許多拳師因多種原因回到故鄉，其中有姚繼祖、李迪生、翟文章等，這就成了交流拳藝的天賜之機。

　　1970年，其堂弟李光藩也由縣城遣送回鄉，兩人每日切磋，自1970年至1978年間，每晚推手談拳至深夜12點，一直堅持8年，從未間斷。1978年，光藩落實政策回

縣工作，休息日仍回鄉與兄研究拳藝。1978年後，錦藩公開收徒，其中永年西街有王潤生、孔凡海、靳文彬等十幾人，邯鄲有喬松茂、李德龍。

1978年後，各地太極拳師、武術雜誌主編、記者登門造訪者很多，廣西《金色年華》主編嚴翰秀寫成《訪永年武氏太極拳傳人——李錦藩》發表在《武術健身》雜誌。李錦藩於1991年6月不幸逝世，享年72歲。

李正藩，1928年生，李承編（啟軒）曾孫，李福蔭之子。7歲開始學習武式太極拳，稍長，學習推手，並在「永年太極園」受武、李、郝等前輩的指導，拳技打下一定基礎。新中國成立初，李正藩畢業於清華大學。1965年入川後，業餘授徒，曾任四川省樂山市武協委員，後任樂山市武術協會太極拳專業委員會顧問兼武派太極拳總教練，五通橋區太極拳協會名譽會長。

主要弟子有四川石磊、王方莘；重慶馬仁濟、趙中福；衡陽唐騁時、陶建成；邯鄲馬建秋、黃建新、丁進堂等。其弟子多為在當地享有盛名的拳師，曾在當地以及全國太極拳比賽中獲得金牌。

李光藩，李寶廉之孫，李槐蔭之子。自幼隨父生活在太原、呼和浩特、北京等地。

1951年，隨母回到故鄉，客居邯鄲縣齊固村，當年考上河北省永年師範學校。光藩自幼隨父習太極拳，在小學練功隊習練過彈腿、洪拳、鷹爪。在永年師範學習期間（三年半），校長鄭炎對太極拳很熱衷，曾聘郝為真曾孫郝向榮先生（名長春），教「一呼三發」武式太極拳。此

時郝向榮任師範學校總務主任。他教拳時讓光藩領練、助教。有時星期六晚上，郝長春約拳師張振宗、魏佩林、姚繼祖秘密練拳，讓光藩去通知眾人。張振宗（俗叫張老玉）是郝為真之入室弟子，拳架、推手均屬上乘。這個時期，是太極拳地下練拳、切磋時間最長，成效最大，使光藩受益最多的一個時期。

1970年，光藩由縣交通局遣送回鄉勞動。此時永年因政治原因從各地回鄉的人很多，其中拳術較精者有李錦藩、李迪生、姚繼祖、翟文章等。

光藩與翟文章同居一院，東西兩屋對門。翟文章可謂「太極迷」，倆人常說笑：開門便見面，見面便談拳，談拳便推手。每日早、晚，倆人必在一塊兒習太極拳。

永年這個時期練拳氣氛很濃，南關有傅宗元、郝同文、關欽、林金聲、張其、潘河清、白中信、郭慶亭、范保林、郝金祥等一個「集團軍」；城內是李錦藩、李迪生、姚繼祖、李光藩「武式太極」小團體。陰雨天不下地勞動，大家聚集一起談拳推手，南關、城裡相互交流，十分友好融洽。

1976年春，郭慶亭接任永年城關公社棉織廠廠長，調光藩任業務員。光藩敬佩郭慶亭的人品、拳品；慶亭愛光藩光明磊落，倆人既是拳友又是摯友。

此刻光藩長住邯鄲「工農兵旅館」，每晨必去叢台公園晨練，在公園認識了韓文明之徒米孟久，由米孟久介紹認識了郭敬之（邯鄲軍分區司令）、宋書亭（邯鄲市委副書記）以及拳友王長興、張興州、楊鴻壁、喬松茂、周文

岐、高岐山等，並與高岐山成為莫逆之交。

1990年春季，由喬松茂倡議，李光藩、翟金錄、趙雨峰共同發起籌辦「中國永年太極拳聯誼會」。1991－1995年三屆聯誼會，李光藩均做資料處長，並主編了《太極名家談真諦》《永年太極拳資料集成》《太極拳論文集》三本著作。

1995年，李光藩被聘為省刊《中國太極拳》雜誌執行副主編。1995年創辦《太極》雜誌，並有《太極傳奇》一書出版，同名電視劇本廿集。

1996年元月，曾率永年代表團，赴京參加中國武協、中國武術院召開的武式太極拳競賽套路審訂會。近年多次赴上海、北京、海口、南寧等地交流、教授太極拳。

李氏家族歷經四世傳遞研究太極，名人輩出，但時時牢記「謙虛待人，嚴格克己」的原則，在太極拳技上，一直在考驗自我、挑戰自我。家族歷代相承用哲學觀點解釋太極，用科學態度認識太極，從而開創未來之路。望能與其他拳種及各界有志之士，再現武術昔日輝煌，為中華民族爭一口氣，把武術真髓繼承下去，代代相傳。

「太極拳論」詳解

董英傑

太極者，無極而生，陰陽之母也。

【解】

不動為無極，已動為太極。無極生太極，太極分陰陽，由陰陽演為變化萬象也。

動之則分，靜之則合。

【解】

凡練太極，心意一動則分發四肢。太極生兩儀、四象、八卦、九宮，即掤攦擠按採挒肘靠中定也。靜則反本還元，復歸無極，心神合一。滿身空空洞洞，稍有接觸即能知覺。

無過不及，隨曲就伸。

【解】

不論練拳對敵，毋過毋不及，過與不及皆失重心點。如敵來攻，我順化為曲，曲者彎也。如敵來攻不逞欲退，我隨彼退時就伸，伸者出手發勁也。

過有頂之弊，不及有丟之弊。不能隨曲謂之抗，不能就伸謂之離。謹記「丟頂抗離」四病而去之。功到不即不

離，方能隨手湊巧，運用自如。

人剛我柔謂之走，我順人背謂之黏。

【解】

與人對敵，如對方出力剛直，則我用柔軟之手搭上，如皮鞭鞭物，緊緊纏搭在彼勁上，能放能長，對方縱欲摔開甚難，譬如彼出大力，我隨沾其手腕往後坐身，但手仍緊搭不離，往懷收轉半個圈謂之走。

走為化，以化其力。向其左方伸手使敵身側不得力，則我為順，人為背，黏之使不能走脫也。

動急則急應，動緩則緩隨。

【解】

今者習拳同好多知柔化，不知急應之法，不易與外功對敵。如敵來勢緩，則柔化跟隨，此理甚明顯。如敵來勢急，則柔化焉能應付哉？須用太極截勁之法，不後不先之理以應之。何謂截勁？如行兵埋伏突出截擊也。何謂不後不先？於敵手已發未到之際。我手於敵膊未直時截入，一發即去。此為迎頭痛擊法。

然欲能動急則急應者，非得真傳不可。

雖變化萬端，而理唯一貫。

【解】

與人對敵，推手或散手，無論何著法，有大圈、小圈、半個圈之巧；有陰陽之奧妙；有步法之虛實；有太極

陰陽魚不丟頂之理,循環不息。

變化雖有千萬,太極之理則一也。

由著熟而漸悟懂勁,由懂勁而階及神明。

【解】

著者拳式也。先學姿勢正確,次要熟練,方能懂勁。今之練拳者專談懂勁,忽視練拳功夫,捨本逐末,安能懂勁,更何能有發人之勁?

古語云,方寸之術,可使高於岑樓。故欲階及神明,必先求懂勁。欲求懂勁,必先求著熟。功夫由下而上,由低而高,不能僭越也。

然非用力之久,不能豁然貫通焉。

【解】

拳愈練愈精,功夫既到,則如水到渠成,豁然貫通。然非久練久熟,只尚空談,不能達此境也。

虛領頂勁,氣沉丹田。

【解】

頂者頭頂也,此處道家稱為泥丸宮,素呼天門。頂勁非用力往上頂,乃空虛而頭容正一,精神上提。但不可氣貫於頂。練久眼目光明,無頭痛之病。

丹田在臍下寸餘,即小腹處,一身元氣總聚於此。氣歸丹田,以意行之,通流四肢。氣不能沉於丹田,則滯塞於一處,不能分運於四肢也。

不偏不倚，忽隱忽現。

【解】

不偏者守中土也，不論偏向何方，即易失重心。偏前則易拉倒，偏後則易推倒。偏左偏右，其弊相同。不倚者亦守中土也。例如用手按人，對方突然縮後或閃避，己身即跟蹌前仆，失去重心，予人以可乘之機。此倚之弊也。《行功論》云，立身須中正安舒，支撐八面，即不偏不倚之意。

隱者藏也，現者露也。設敵向我身擊來，我身收束為隱，使敵不能施其力。如敵手往後回抽時，我隨之跟進為現。敵不知我式之高低上下，無法擋禦我手。例如河中小艇，人步踐其上，必略低沉為隱，又裹步必隨起為現。又猶龍之變化，能升能降。降則隱而藏形，現則飛升太虛興雲布霧。

此理言太極能高能低，忽隱忽現，有神機莫測之妙。

左重則左虛，右重則右杳。

【解】

重者不動也。試思與人對敵而不動可乎？用拳必須身體活動，手腳敏捷，方能應敵。

敵如擊我左方，我身略偏虛使彼不能逞。如擊我右方，我右肩往後收縮，使其拳來無所著。我體靈活，不可捉摸，即左重左虛，右重右杳也。

仰之則彌高，俯之則彌深。

【解】

仰為上，俯為下。敵欲高攻，我即因而高之，使不可及。敵欲壓我下，我即因而降之，使敵失其重心。此守法也。設自己主動進攻，仰之彌高則眼上看，心想將敵人擲上屋頂。俯之彌深，則心想將敵人打入地內。

昔班侯老師夏日在村外場（場即北方收糧場地）內乘涼。突來一人，拱手問班侯老師居處。答曰：「吾即楊某也。」其人突出大食中三指襲擊。老師見場內有草房高七八尺，招手曰：「朋友請上去。」遂將其人擊上屋頂。又曰：「請速下回家覓醫。」其人狼狽遁去。鄉人問何能擊之使上，曰仰之彌高也。

有洛萬子曾從班侯老師習技數年，欲試師技。班侯老師曰：「將汝擲出元寶形好否？」萬笑曰：「且試之。」及較手，果如所言。萬手腳朝天、右胯著地如元寶形，將胯摔脫矣。醫療數月方癒。萬功夫甚好，至今尚健在。常曰俯之彌深利害極矣。

進之則愈長，退之則愈促。

【解】

向敵進攻或追擊時，我進身跟步，步步逼之，使不能逃脫。故我手能愈進而愈長也。如不跟步，則手短不能及矣。退讓敵人時，或虛身以化之，或退步以避之，隨機應變，以其力不能及為度。故我能退而愈促也。

總言之，即沾連黏隨之妙，去丟頂離抗之病也。

一羽不能加，蠅蟲不能落。

【解】

練功既久，感覺靈敏，稍有接觸，即能感覺而應之。一羽毛之輕，我亦不馱；蠅蟲之小，亦不能落我身。蠅蟲附我身，如著落琉璃瓶，光滑不能立足。蓋我以微妙之化力將蠅蟲足分蹉也。能如此則太極之功成矣。

昔班侯老師於夏日行功時，常臥樹蔭下休息。偶或風吹葉落其身上，隨落隨脫滑落地，不能停留。又常試己功，解襟仰臥榻上，捻金米（即小米）少許置臍上。但呼一聲，小米猶彈弓射彈丸，飛射屋頂瓦面。班侯老師之功誠不可及，同好宜勉之。

人不知我，我獨知人。英雄所向無敵，蓋皆由此而及也。

【解】

與人對敵，不用固定方式。如諸葛用兵，或攻或守，敵莫能預測。諺云不知我葫蘆裡賣什麼藥，此人不知我也。自己能懂勁，則感覺靈敏。敵手稍動，我即知覺，隨手湊巧應之。如非近身搭手，亦可離遠審察敵之意圖。此我獨知人也。兵法云：「知己知彼，百戰百勝。」英雄所向無敵，蓋由此而致也。

斯技旁門甚多，雖勢有區別，概不外乎壯欺弱，慢讓快耳。有力打無力，手慢讓手快。是皆先天自然之能，非關學力而有也。

【解】

拳術種類甚多，各門姿勢不同，注重力大手快以取勝則一。然此只應用天賦之本能，與所學之技藝無關也。太極之理，精微巧妙，非徒恃力大手快取勝，異於凡技也。

察四兩撥千斤之句，顯非力勝。

【解】

太極功深，有引進落空之妙，千斤無所施用，所謂四兩撥千斤也。

昔京西有富翁，莊宅如城，人稱小府張宅。其人好武，家有鏢師三十餘人，慕廣平府楊祿禪之名，托友武汝清往聘。及至，張見楊太師身軀瘦小，衣服樸素，貌不驚人，心輕之。因執禮不恭，設宴亦不豐。

楊太師知其意，遂自酌自飲，略不旁顧。

張不悅曰：「常聞武兄言先生盛名，但不知太極果能打人乎？」楊太師曰：「有三種人不可打。」張問：「為何三種？」答曰：「銅鑄者、鐵打者、木作者。此外無足論。」張曰：「敝舍鏢師卅餘人，為首者劉教師，力能舉五百斤，與戲可乎？」答曰：「無妨。」及起試，劉發式猛如虎，拳風有聲，臨近，楊太師以右手引其落空，以左手輕拍之。劉跌出三丈外。

張拊掌笑曰：「真神技也。」遂使廚人重新換滿漢盛宴，敬奉如師。劉雖力大如牛而不能勝，蓋無巧也。由此可知顯非力勝矣。

觀耄耋禦眾之形，快何能為。

【解】

七八十歲為耄耋。耄耋能禦眾人，指練拳者言。不練拳，雖在壯年，欲敵一二人難矣。戰定軍山之老黃忠言：「人老馬不老，馬老刀不老。」其言甚壯。

練太極者，筋骨肉壯，血氣充足，功夫至老不脫，人老而精神不老，故能禦眾人也。昔健侯老師與八九人較，眾一擁而前圍攻之。但見老師數個轉身，眾人俱已跌出，有八九尺者，亦有遠至丈餘者。老師時年近八十，耄耋禦眾，非妄言也。

快何能為之「快」字，指無著數之快。此忙亂耳，非真快也，焉能應用。快而不失法度為真快，斯可應用矣。

立如平準，活似車輪。

【解】

立如平準，即立身中正，支撐四方八面，不偏不倚也。活似車輪，言氣循環不息，環行全身，不稍遲滯，如車輪之轉動也。

偏沉則隨，雙重則滯。

【解】

何謂偏沉？前說車輪之譬，猶用一腳偏踏車輪，自然隨之而下。何謂雙重？猶右腳踏上右方，左腳踏上左方，兩方力量均衡，則滯而不能轉動。其理甚明。

每見數年純功，不能運化者，率皆自為人制，雙重之病未悟耳。

【解】

嘗有數人練太極拳，勤習不懈，用功五六年。與人較，則平日所學，全不能運用，不能制敵。

有旁觀者曰：「汝用功五六年，可謂純功矣，何以不能勝？」請演十三式觀之。

見其練法怒目切齒，奮力如牛，筋絡盡露。旁觀者笑曰：「此為雙重練法。尊駕未悟雙重之病耳。」

另一人曰：「我不用力練五六年，為何連十歲頑童亦不能打倒？」又請演十三式觀之。

見其練法毫不著力，如風擺楊柳，飄搖浮盪。旁觀者笑曰：「此為雙浮練法。尊駕為雙浮誤矣。」雙重為病，雙浮亦為病也。

欲避此病，須知陰陽。

【解】

欲避雙重雙浮之病，須明陰陽之理，陰陽即虛實也。

黏即是走，走即是黏；陽不離陰，陰不離陽；陰陽相濟，方為懂勁。

【解】

總言之，沾連走化，懂敵人之勁也。前解甚多，不再贅述。

懂勁後愈練愈精。默識揣摩，漸至從心所欲。

【解】

能懂敵之來勁後，不斷練習，即久練久熟，愈練愈精。常默識老師所授用法，揣摩其身手動作。極熟後，則意到手到，心手合一，漸至從心所欲矣。

本是捨己從人，多誤捨近求遠。

【解】

與敵對手，要隨人所動，不可自動。吾師澄甫先生常言，由己則滯，從人則活。能從人便得落空之妙。由己及不能由己，能從人便能由己。理雖奧妙而確切。惟功夫未到，則不易領略其意耳。

常人與敵對手，多不用近而用遠。須知以靜待動，機到即發為近；出手慌忙，上下尋機擊敵為遠。此多誤捨近而求遠也。

所謂差之毫釐，謬之千里，學者不可不詳辨焉。是為論。

【解】

太極拳精微巧妙，分寸毫釐，不可差也。如差毫釐，等隔千里，不能應用矣。學者於此，不可不注意焉。

「太極拳論」解

陳固安

太極者，無極而生，動靜之機，陰陽之母也。

【解】

　　太極指有形有象，無極指無形無象，萬象皆空，「機」是變化的意思。萬物之生負陰抱陽，一切事物都離不開陰陽的轉換，各種事物都是從無到有，從小到大，從少到多，這就是無極而生太極。

　　太極是有形有象，有動有靜；陰陽消長，相生相剋；生生不已，變化無窮的。因此，太極為陰陽之母。

動之則分，靜之則合。

【解】

　　我身不動即所謂「靜」。要「陰陽俱合」，如一動則「陰陽俱分」。太極拳中的陰陽就是順逆、剛柔、輕沉、方圓、虛實、開合等的變換，也就是「分為陰」「合為陽」，在運動中利用離心力和向心力的變化，以達到陰陽互用，剛柔相濟的目的。

無過不及，隨屈就伸。

【解】

　　沾黏連隨、不丟不頂、無過不及、隨屈就伸是太極拳技法的根本要領，如練習推手就要掌握這些要領。李亦畬先生《五字訣》中曾說：「挨何處，心要用在何處，須向不丟不頂中討消息。」

　　與人相沾相黏時要隨對方之動而動，彼屈我伸，彼伸我屈，緊緊咬住，既不丟（脫離）也不頂（撞）。手足進退起落要有尺寸，不使有稍過和不及的弊病。

人剛我柔謂之走，我順人背謂之黏。

【解】

　　「人剛我柔謂之走，我順人背謂之黏」，就是在一定條件下，由以弱制強進而轉化為由弱變強的技擊方法。

　　如兩人交手，人強我弱，我就需要以柔制剛，順其來勁走化以引進落空，使其失去平衡變成背勢而處於被動，我再利用已有的優勢以順黏背，由柔變剛，順其失去平衡的方向，用黏勁迫使對方失敗，達到以弱制強的目的。

動急則急應，動緩則緩隨，雖變化萬端，而理唯一貫。

【解】

　　這句是上一要領的進一步闡述。與人交手要想「我順人背」，就必須我之緩急隨彼之緩急，不自為緩急。這樣才能沾連不斷，隨人所動，乘勢而入，以輕制重，借力制人。要掌握這一技巧，就須兩臂鬆靜，不使有絲毫的拙力。若有拙力就不能捨己從人，也就不能「動急則急應，動緩則緩隨」。

李亦畬先生《五字訣》中說：「由己則滯，從人則活。」只有從人才能緩急相隨，運用屈伸開合、虛實剛柔、陰陽互用、動靜無偏等錯綜變化的手法獲取勝利。所以說，雖然變化萬端而理為一貫，均不外乎屈伸開合、虛實剛柔、陰陽互用、動靜無偏。

由著熟而漸悟懂勁，由懂勁而階及神明，然非用力之久，不能豁然貫通焉。

【解】

這段講的是練功的順序，先求「著熟」（即招熟，動作正確熟練），著熟後即可逐漸領會勁的使用。這裡說的「勁」含有兩個內容，一方面是知己，一方面知人。

平時習拳以練體，推手以應用，自然就能不斷提高技巧。知人知己，即可瞭解來勁方向、大小，又可在我順人背時便於借力發人。懂勁後繼續持久不懈地練功，揣摩實踐，就可一步一步地臻於神明，達到更高一級的階段。

這段說的練功步驟基本上是三個，首先求著熟；著熟後再求「懂勁」；懂勁後即可階及神明。

虛領頂勁，氣沉丹田。不偏不倚，忽隱忽現。

【解】

這段講的是身法要領，無論練架或推手都需要虛領頂勁，氣沉丹田。「虛領頂勁」就是神貫於頂，精神集中。頭正勁縮頂自懸。頭若不正，練拳會影響動作的正確，與人交手則易失去重心而為人所制。能虛領頂勁，精神自然

就能提得起，才不會身法渙散，軟塌無力。

「氣沉丹田」就是氣向下沉，重心不移，這樣才可氣實步健。由於上領下沉，方能精神貫注，氣勢騰挪，起落轉折，自然靈活。

「不偏不倚」指立身中正。太極拳著重於虛實剛柔、動靜無偏的運化。所以《行功心解》也指出「立身中正安舒，支撐八面之勢」。

「忽隱忽現」是指虛實無定、變化無測。

以上四句另為四個要求：頭部要求；呼吸和下盤要求；軀幹要求；虛實變化，也就是整個身勢的要求。這四個要求密切相連，不可截然分割。

左重則左虛，右重則右杳。

【解】

「杳」即沒有跡象或不可捉摸的意思。上段「忽隱忽現」講的是虛實變化，著重在練拳方面；這兩句講的是虛實變化的運用。太極拳著重於虛實之分，手實足亦實，手虛足亦虛，若與人推手相沾，覺其左邊重則我和他相沾之處即變為虛。如其重力在右，我右邊即變為虛。杳和虛在這裡都是一個意思。

李亦畬先生在《五字訣》中又對此做了進一步發揮，他說：「左重則左虛而右已去，右重則右虛而左已去。」不僅講了「化」勁，還講了「發」勁。具體講明了虛實變化在運用時的訣竅，也就是要隨人所動，不可稍有抵抗，乘勢引導使之落空，而我再就其空虛處予以還擊。

仰之則彌高，俯之則彌深。進之則愈長，退之則愈促。

【解】

這段講的是虛實變化在高低進退等方面的運用。若與人推手或交手，對方仰來（即手向高處來），我就向高處引進，但須肩臂放鬆，手雖隨之高舉（向上引進）而身要愈下坐勢，腿插入對方襠內貼身欺進，彼即失去重心為我所制。

若對方低取，則我就愈向下方引進，身隨勢而欺之坐勢下塌，欺於對方之上。這就是彼低我還低，使對方有如臨深淵之感，造成上輕下重（偏重）之勢，失去重心為我所制。若對方直前進擊，則我順其來勢向後引進使之落空，重心前傾，而為我所制。如對方想退，我即趁機貼進相逼，使他欲退不能而失去重心。

總之，在推手和交手時，不管對方或退或進，或向我何處進擊，我都要順遂其勢，沾連不丟，先化後發，以巧勝人。

一羽不能加，蠅蟲不能落。人不知我，我獨知人。英雄所向無敵，蓋皆由此而及也。

【解】

這段講的是虛實變化達到高級階段的情況。「一羽不能加，蠅蟲不能落」，是形容絲毫不頂的高超技巧。與人推手或交手要聚精會神，前進後退在以意為先的前提下輕靈貫穿。如能達到「一羽不能加，蠅蟲不能落」，稍觸即

知的輕靈程度，自然就「人不知我，我獨知人」。

　　斯技旁門甚多，雖勢有區別，概不外壯欺弱，慢讓快耳。有力打無力，手慢讓手快，是皆先天自然之能，非關學力而有也。

　　【解】

　　這段是講太極拳在擊法上和其他拳術不同的地方。拳術種類雖多，且各有不同的特點，但總是以力、以快勝人。作者認為這都是「先天自然之能」，一旦遇著力量大於我和更快於我的對手就要敗北。要想處於不敗之地，就需要有巧妙的技巧。

　　作者特別強調了練習（即實踐）的重要性。他認為只有經由努力鍛鍊，才能變劣勢為優勢，扭轉以力、以快勝人的「自然之能」。

　　太極拳的技法特點是「從鬆靜輕柔入手（即不用拙力），進而掌握沾連黏隨、不丟不頂、無過不及、隨屈就伸」，以及「人剛我柔謂之走，我順人背謂之黏」等。

　　察四兩撥千斤之句，顯非力勝。觀耄耋禦眾之形，快何能為。

　　【解】

　　這是作者進一步論證「以弱制強」的根據。「四兩撥千斤」一語源出於「打手歌」，意思是力小可以勝力大。

　　太極拳的技法特點是「以柔克剛」，遇見力大者要用鬆放的勁去克制他，鬆即是柔，放即是剛。我用鬆放勁牽

制對方，使其失去重心，獲得我順人背之勢，對方力量雖大也無濟於事了。

「觀耄耊禦眾之形，快何能為」，是作者由具體實例來說明太極拳的另一個技法特點，即「制而後發」。別的拳術大多主張先發制人，即先下手為強。

而太極拳則是反其道而行之，主張「制而後發」。對方出手無論多快，都要先露形跡，即有可乘之隙，我即以手敷之（敷即是沾），使對方欲動不能。在其被制之下，我即當乘勢而鑽，不鑽不展，一鑽疾發，如泉湧出，如皮燃火，猛不可防。對方手法雖快也難施展。

立如平準，活似車輪。

【解】

平準就是天平，是利用槓桿原理來測量重量的。

這段是講身法的。太極拳無論練拳或推手，都要求立身中正、不偏不倚，兩手支撐猶如天平之秤盤，稍重即沉，走以引化。

《五字訣》說：「由己則滯，從人則活，能從人手上便有分寸，秤彼勁之大小分釐不錯，權彼之長短毫髮無差。」是這段的最好注腳。

「活似車輪」講的是以腰為主宰。步法上的旋轉變化都是以腰為根株，無處不隨腰部運動圓轉。平時習拳和運動時，要步隨身換，手領眼隨，聚精會神，上下兼顧，如此進退旋轉，才能輕靈自如化發由己。

偏沉則隨，雙重則滯。

【解】

這段講的還是身法。要「立如平準」，秤彼勁之大小，以腰為主宰，「活似車輪」地去引化發放，就必須避免雙重的毛病。所以作者特別強調指出「偏重則隨」，就可以從人、能化、能發。

「雙重則滯」，所謂「雙重」就是用力與人對抗形成僵滯的頂勁，變化不靈失去了平準作用，易為人制而不能制人。往往見有數年純功的人，一旦應用仍不能走化發放，主要原因在於雙重。所以平時習拳或運用，要特別注意克服這一弊病。如與人交手，必須掌握先定後動，意要佔先，並運用「輕靈鬆軟，外柔內剛」八字訣的要領使梢節與中節起到槓桿作用，腰胯隨之而抽動，正身撐裹，裹襠護肫，氣實步健，以達心身相應、上下相隨，這樣才能避免雙重的弊病，而達到偏重則隨、能化能發、不丟不頂、人不知我、我獨知人之境界。

每見數年純功，不能運化者，率皆自為人制，雙重之病未悟耳。

【解】

這段進一步強調指出「雙重」的危害性。能否克服雙重的弊病是勝敗的關鍵。雖有數年純功，若不明雙重，與人交手仍會為人所制而不能制於人。

造成雙重這一弊病的原因有兩個：一是在運轉走化方面不得其傳；一是對雙重的勁別弊病不明確。

欲避此病，須知陰陽。黏即是走，走即是黏；陰不離陽，陽不離陰；陰陽相濟，方為懂勁。

【解】

這段講的是克服雙重的方法。欲避免雙重要先知陰陽，陰陽在這裡作虛實解。與人交手或推手稍覺有雙重（即相抗），即迅速轉為偏沉，上肢或裹或撐，下肢抽腰胯，正身形，即變為單重則隨之勢。處處虛實明確，虛處有陰，實處有陽，雖分陰陽而仍黏連不脫，能沾能走。

所謂「陰不離陽，陽不離陰」，就是彼實我虛，彼虛我實；陰變為陽，陽變為陰；相互轉化，相輔相成，無絲毫主觀、偏見，完全按照對方的變化而變化。如能做到隨人之意，而變化虛實毫釐不爽，以求我順人背，才算真正達到懂勁的境界。

懂勁後愈練愈精，默識揣摩，漸至從心所欲。

【解】

這段講的是懂勁後的進一步要求。練太極拳尤其是學習推手，首先要求懂勁，懂勁後才算入門，循此以往，愈練愈精。除了堅持不懈地練拳和推手外，還要認真研究揣摩，不斷總結經驗體會。如有所悟，則默化於心，心動則意生，意動則氣隨，練之益久，技益精湛，加之默識揣摩，就可逐漸做到「從心所欲」了。

本是捨己從人，多誤捨近求遠。

【解】

　　這段講的是「捨己從人」和「捨近求遠」的區別。太極拳的技擊特點是在「沾連黏隨」中求我順人背、人為我制，為此要捨己從人。但捨己從人絕不是任人擺佈處處被動，而是在從人的過程中要主動地因勢利導，使對方陷入失重的困境，即可為我所制。因此，在從人的過程中要以從近而不從遠為原則，如從遠則易走出自己的範圍，造成自己失重陷於危境。從近則主動，從遠則被動。如與人交手，對方來勢必有一定方向，我即隨其方向走化，不丟不頂，黏而隨之，迫使對方落空或跌出。

　　為此要掌握無過不及、隨屈就伸的原則，才能隨彼所動而不捨近求遠。如不理解這些，或是任人擺佈，或是盲目進攻，多易使己陷入困境。

　　所謂差之毫釐，謬之千里，學者不可不詳辨焉。是為論。

　　【解】

　　這段是對以上諸段的總結。太極拳推手首先要求懂勁，懂勁才能愈練愈精，著法運用始能達到精敏神巧、從心所欲。如不懂勁，與人相沾相觸，容易頂抗而不能走化。但懂勁是建立在身法正確、著法熟練基礎之上的。不然的話，就會事倍功半、枉費徒勞，一搭手就會發生頂勁，越頂越撞、越滯、越不靈活，所謂差之毫釐，就會謬之千里。

「太極拳論」詮釋

李迪生

太極宗師王宗岳所著《太極拳論》，是內家拳術之經典著作。該論言簡意賅，說明太極拳之生成、變化、練法等，法周用廣，已被太極拳練習者用作典範。照此練習，必收效果。筆者不揣淺陋，現用一般語彙，予以詮釋，以饗讀者，參次運用，更將發揚光大，求研有據，延續無窮。茲釋於下。

太極者，無極而生，陰陽之母也。動之則分，靜之則合。

【解】

在天地沒有分開之時，一片混混沌沌的，這就是無極。由無極生太極，太極負陰抱陽，故太極生兩儀，就是指的陰陽。兩儀生四象，有的說四象是指春、夏、秋、冬，但太極拳中，是指太陽、少陽、太陰、少陰的。由於陰陽相錯而生萬物，所以說太極是陰陽之母也。

「動之則分，靜之則合。」動為陽，靜為陰；實為陽，虛為陰；動為開，靜為合；故陰陽、虛實、動靜、開合等，相互關聯，相次為用，所以說動時則分，靜時則合。太極拳以它的陰陽虛實，相生不已，故變化無窮。

　　無過不及，隨屈就伸。人剛我柔謂之走，我順人背謂之黏。

　　【解】

　　太極拳是以沾、黏、連、隨，不丟不頂練起。這是首先練習的切身功夫。所以拳論指出「無過不及」的要求要領。

　　「無過」者須隨對方之勢，不要犯頂的弊病；「不及」者須隨對方之勢，不要犯丟的弊病，那就要彼屈我伸，彼伸我屈，故隨屈就伸要做到恰到好處，既不能頂，也不能丟。因為太極拳的技擊要領，是借人之力，那就得隨人所動，就人之勢。故學者首先要從不丟不頂中下工夫，從這裡瞭解對方的情況，安排自己的意圖。

　　對方用剛猛之勁向我發來，我毫不頂抗，而是用沾黏之內勁，順來勢走化，使他的來勁落空。這種柔化的方法，就叫作走。此時我由背勢變成順勢。在我順人背的基礎上，我的內勁才能黏著對方。

　　可見「黏」的勁法，必須保持我成順勢。但自己的身法，要無有缺陷，才能順背變換，得機得勢；才能剛來柔走，柔來剛黏；才能適機發放，應付裕如。

　　動急則急應，動緩則緩隨，雖變化萬端，而理唯一貫。由著熟而漸悟懂勁，由懂勁而階及神明，然非用力之久，不能豁然貫通焉。

　　【解】

　　太極拳在發放的技術上，是用「隨人所動」「捨己從

人」的藝術，來感知對方來勁的長短、強弱、方向等，再從其中找出對方的弱點。若感知對方急來猛勁，就得緊急柔圓走化，以應付來力，使之落空。如感知對方來的是緩和之勁，就隨之演變。但隨人不能一味盲從，當變則變，否則是要吃虧的。

不管對方千變萬化，我總是用沾、連、黏、隨，捨己從人，找對方缺陷，而予以制之。但自己必須全身放鬆，心靜氣斂，保持自己的身法中正安舒，手法不亂，才能有應付裕如的效果。

太極拳進一步鍛鍊，達到懂勁；再而達到神明階段，實非易事。必須在明師指導下，深明拳理，再由拳架、椿功練成周身一家腳手隨；再由推手、散手等，鍛鍊自己的準確功夫，逐步達到懂勁。

而自己必得鍥而不捨，千遍萬遍地練下去，才能豁然貫通。如若練練停停，一曝十寒，淺嘗輒止，想達到神明，絕非易事也。但我們只要有恒心，人一能之，己十之；人十能之，己百之，就定能有成。希練者共勉之。

虛領頂勁，氣沉丹田。不偏不倚，忽隱忽現。左重則左虛，右重則右杳。仰之則彌高，俯之則彌深。進之則愈長，退之則愈促。一羽不能加，蠅蟲不能落。人不知我，我獨知人。英雄所向無敵，蓋皆由此而及也。

【解】

太極拳身法要求「虛領頂勁」，就是輕輕將頭豎起，下頷微收。切記頭豎起不是往上用力挺起，而是輕輕將頭

豎正，這就是拳法上所說「滿身輕利頂頭懸」。頭豎正才能與尾閭中正，垂成一條直線，軸轉靈活，精神振奮。

「氣沉丹田」者，丹田為元氣積存之所，在臍下一寸三分的地方，又名氣海。氣沉不是憋氣至丹田，而是在走架行功之時，全身放鬆，用意念導氣至丹田。氣下沉則不上浮，腹內鬆靜，下盤自穩。

「不偏不倚」者，是鍛鍊自己在行功走架之時，站立之勢不可偏倚。必須尾閭中正，才能上下、前後、左右接轉自如。

「忽隱忽現」者，乃勁法之應用。虛實變換，揚沉莫測，用以抵禦來力，方可得機得勢。

總之，只要自我頂頭懸起，精神振奮，氣沉丹田，尾閭正中，腹內鬆靜，才能腳、腿、腰、臂完整一氣，進退才能得機得勢，走化自如，用勁得法。

「左重則左虛，右重則右杳……蓋皆由此而及也。」這一節是具體說明太極拳技法的主要方法。以虛實變化、沾連黏隨、不丟不頂的無窮變化，用自我感覺的實際體測，說明太極拳技術的應用。

「左重則左虛，右重則右杳」，當對方向我左臂加力，我左臂以柔化引進，使之落空。在引進的同時，我右臂隨即向對方右側突然發放，將對方發出。右重則右臂偏沉走化，我左臂於走化的同時，向對方左側出擊，將對方發出。

「仰之彌高」者，對方欲往上引我，我即以沾隨之勁，隨之上走，使對方覺得高不可攀。

「俯之彌深」者，即對方欲俯之向下引按，我即以沾隨之勁，隨之下沉，使對方覺得如臨深淵，不測其底。

「進之則愈長，退之則愈促」，對方欲進，我即以柔圓內勁引之而入，使對方覺得愈進愈長。對方欲退，我即以沾隨之勁隨其後退，但必須跟速輕微稍快，對方即覺得逼其退之不穩。

「一羽不能加，蠅蟲不能落」，是比喻感覺靈敏，即便微小力量加之自身，也能體測靈敏，變化恰當。

總之，運用這些沾隨勁法，都得是周身一家，不能是肢體之勁，否則一遇對方變勁，即不能應付。務須明白這點。身法上必須中正安舒，精神團聚，洞察對方，變化及時，這才能徹底知人知己。故太極高手，都是人不知我，我獨知人，所向無敵，都是這樣鍛鍊而成的。

斯技旁門甚多，雖勢有區別，概不外壯欺弱，慢讓快耳。有力打無力，手慢讓手快，是皆先天自然之能，非關學力而有也。

【解】

在王宗岳所處的時代，當然武術拳種很多。他瞭解一些武術，都是運用人的先天帶來的自然拙力作為打擊能力。所以王宗岳指出，那些武術「雖勢有區別，概不外有力打無力，手慢讓手快。是皆先天自然之能，非關學力而有為也」。

太極拳則非如此，它是在人的先天自然之能的基礎上，用意識引導拳勢動作，內外合一，鍛鍊成一種內在的

力量，發揮出人體潛藏的勁法功能。動若江河，靜如山嶽，這是與其他武術的區別，更是太極拳獨到之處。

> 察四兩撥千斤之句，顯非力勝。觀耄耋禦眾之形，快何能為。

【解】

考察「四兩撥千斤」這句話，很清楚是以小力勝大力。而觀察八九十歲的老人能抵禦幾個強敵，可見其武術高明，已是神明了。

> 立如秤準，活似車輪，偏沉則隨，雙重則滯。每見數年純功不能運化者，率皆自為人制，雙重之病未悟耳。

【解】

「立如秤準」是太極拳要求自己鍛鍊成一羽不能加的靈敏感覺。故以立如秤準來作比喻，指出在研習拳架或推手等方面，要保持立身中正。

好像一架秤似的（現在多以天平作比喻），遇有來力，即便輕如毛髮，馬上也能感知。非有這樣的靈敏感覺，才能與對方黏走互變；才能以腰為軸，活似車輪，支撐八面，隨化隨打，永為順勢。

「偏沉」是鬆柔走化，為太極拳之主要技術。而「雙重」是弊病，練者多有之。因雙重是雙方相頂相抗，互不走化，憑力量制人，這種方法為太極拳所不取，所以拳論指出「雙重則滯」。

欲解此病，即在接觸對方僵滯之勢，即偏沉走化，轉

換腰腿，成為順勢，雙重之弊自解。

　　另外自己的虛實，必須隨時轉換，不要在自身上產生一己之雙重，這是十分重要的。

　　欲避此病，須知陰陽。黏即是走，走即是黏，陰不離陽，陽不離陰。陰陽相濟，方為懂勁。
　　【解】

　　此段言「雙重」之弊，是不知陰陽變化的結果。拳論曾指出，「人剛我柔謂之走，我順人背謂之黏」。既然黏即是走，走即是黏，那麼在黏中，要防對方剛柔的變化；在走中，要注意對方圓柔的黏變。這樣才能陰不離陽，陽不離陰，在自我身上既能走化，又能黏制。到此地步，即明瞭虛實互變，陰陽相濟也。故能謂之懂勁。

　　懂勁後，愈練愈精，默識揣摩，漸至從心所欲。
　　【解】

　　懂勁後更須努力鍛鍊，不能稍有懈怠。「默識揣摩」即是思考回憶，測度其意義，一遍又一遍地冥思苦想，加深瞭解，提高功力，即能達到更高境界。

　　本是捨己從人，多誤捨近求遠。所謂差之毫釐，謬之千里，學者不可不詳辨焉。是為論。
　　【解】

　　「捨己從人」，為太極拳藝術的精華，從字義上很好瞭解，但做之甚難。因從人之中，變化無窮，並不是隨人

去挨打。在被動之中，我隨之而動，從彼動之中，我沉著應變，來找對方漏洞，待機而變，這是自己的目的。反過來說，對方之動，也是有安排的，他準備隨時遇機將我發放。所以我在隨中所變的時間、方向、輕重等時機，必須掌握得恰到好處，才能變之有效，借彼之力，而予以發放。稍一不慎，反而被對方所乘，趁機制我，從人所動，即不生效，自我不能得到勝利。

故「捨己從人」這種藝術，千變萬化。最好在明師指導下，多方示範，予以解說。經由自我不懈努力，默識揣摩，才能靈巧上身，轉變自如，洵不易也。

太極拳解

李迪生

身雖動，心貴靜，氣須斂，神宜舒。

【解】

太極拳的藝術，講究「後發制人」，是內外雙修的。首先必須從動中轉靜，或者靜中轉動來下工夫。這樣才能心靜、氣斂。否則神氣不舒，即要產生暴燥之勁，甚至頭上都急出汗，自然氣機上浮，下盤不穩。

所以在身動之時，心情不能緊張，自身保持氣斂神舒。在不慌不亂中體測對方勁路，而予以制之。

心為令，氣為旗，神為主帥，身為驅使。刻刻留意，方有所得。

【解】

我們的口語，都是以心為思維的主宰。故心發佈命令，全身都受其指揮，這其實是大腦的思維作用，而以氣為傳達命令的工具，更主要是因為氣能使精神振奮，亦即意到、氣到、精神貫注，才能出手有方。若精神呆滯，出手無法，必致招式失敗。這幾句話，是說明運勁的過程，指出練習者必須從這幾方面注意，看哪部分做得不夠，即刻改正，才能有所進益。

先在心，後在身。在身則不知手之舞之足之蹈之，所謂「一氣呵成」「捨己從人」「引進落空」「四兩撥千斤」也。

【解】

習練太極拳，須處處用心，也就是用腦去想，在練架子時，每一個動作是否合乎起、承、轉、合，內外合一。在推手時鍛鍊知人知己的，必須特別用心（就是用腦思考，即拳論指出的默識揣摩，漸至從心所欲）體測對方勁路，也要體察自己每一個招式所用沾黏連隨之勁是否得當，有無丟頂之弊。用心日久，即能達到身知，身知勝於心知，才能體測靈敏，一氣呵成。捨己從人，引進落空，即能以小力勝大力，四兩撥千斤也。

須知一動無有不動，一靜無有不靜。視動猶靜，視靜猶動。內固精神，外示安逸。

【解】

太極拳在發放技術上，是後發先至，以靜制動。習者由練架子、樁功等，練成周身一家腳手隨，要動都動，動中寓靜；要靜都靜，靜中寓動。動若江河，靜如山嶽。在身內要保持精神高度集中，在外表要保持神態安逸。

須要從人，不要由己。從人則活，由自則滯。尚氣者無力，養氣者純剛。

【解】

太極拳的藝術，是捨己從人，不要由己，但從人是體測對方缺陷，不是一味盲從，否則是要吃虧的。前已說

明，不多敘述。氣遍於空間，吐故納新，善於調養，順其自然，心平氣和，涵養其氣，暢達無阻。

孟子說：「吾善養吾浩然之氣，至大至剛，以直養而無害。」暴躁之氣，是拙力之源，為太極所不取。

彼不動，己不動；彼微動，己先動。以己依人，務要知己，乃能隨轉隨接；以己黏人，必須知人，乃能不後不先。

【解】

在與對方接手之後，要沉著應變。彼若微動，我即體測其勁路、目的、方向等，而予以制之。但自己欲接近對方，應知自己此去為何，方能胸有成竹，隨轉隨接。

若用黏制之法，則必須知人的目的，才能在黏隨的過程中，何時變勁，做到恰到好處。否則，對方變在我的前頭，我反而被對方拿住，致遭失敗。故應特別留意。

精神能提得起，則無雙重之虞；黏依能跟得靈，方見落空之妙。往復須分陰陽，進退須有轉合。機由己發，力從人借。發勁須上下相隨，乃能一往無敵。立身須中正不偏，能八面支撐。靜如山嶽，動若江河。邁步如臨淵，運勁如抽絲。蓄勁如張弓，發勁如放箭。

【解】

武術中精神為首要主宰。《五字訣》中指出，「神聚則一氣鼓鑄，煉氣歸神，其勢騰挪，精神貫注，開合有致。」所以精神提起，頂頭懸起，則自然無雙重之虞。這樣才能黏依跟得靈，方見落空之妙（黏依前曾解說，不再

重述）。

　　明陽即虛實，必須在推手或行動中分得清楚，否則易成一己之雙重，被對方乘機利用，制為背勢。而在進退中，「轉腰、換步」更為重要，所以要從腰腿轉換中下工夫，否則上下不能順隨，產生凹凸，成為病態，尾閭即不能中正，更談不上蓄發功能。所以習者應注意這方面的學習。

　　行氣如九曲珠，無微不到，運勁如百煉鋼，何堅不摧。形如搏兔之鶻，神似捕鼠之貓。曲中求直，蓄而後發。收即是放，連而不斷。極柔軟，然後極堅剛。能黏依，然後能靈活。氣以直養而無害，勁以曲蓄而有餘。漸至物來順應，是亦知止能得矣。

【解】

　　「行氣」的氣，可看作勁的解釋。因為意到氣到，氣到勁到，以氣領勁。但這個氣不能作呼吸之氣講，是意念促使神經系統運作，來指揮運勁到最微細的部位；好像九曲之珠（九曲，言曲折太多也）一樣，什麼地方都能通到，即無微不到也。

　　「曲中求直，蓄而後發」，太極拳運勁是走弧線的。要曲中蓄氣，直中發放。能蓄才能發。但曲中求直，必須知己，在自己順勢之中，什麼時間求直，必得恰到好處，才能發放有效。否則機遇不合，即構成頂牛，推推搡搡，即便將對方發出，也不顯輕靈。所以曲中求直，亦是太極拳中的主要技術。

武禹襄「十三勢說略」詮釋

李迪生

　　每一動，惟手先著力，隨即鬆開。猶須貫串一氣，不外起承轉合。始而意動，既而勁動，轉接要一線串成。

　　【解】

　　太極拳架子的練法，每一動手先著力，隨即鬆開，依照起承轉合的順序，將這一勢練完。接下一勢仍然如此。整趟套路也是如此，轉接一氣貫串，意動勁動無有間斷。這就是最重要的貫串一氣，這樣精心練下去，從內、外表現上，才能無有斷續。

　　氣宜鼓盪，神宜內斂，勿使有缺陷處，勿使有凹凸處，勿使有斷續處。其根在腳，發於腿，主宰於腰，形於手指。由腳而腿而腰，總須完整一氣，向前退後，乃能得機得勢。有不得機得勢處，身便散亂，必至偏倚，其病必於腰腿求之。上下、前後、左右皆然。

　　【解】

　　頂頭懸起，氣勢鼓盪，精神內斂。神內斂，則氣不浮躁，氣向下沉。如此才能心靜神舒，走架行功，周身之間，即無缺陷。每勢之根在於腳，而腳腿腰必須完整一氣，這是練成周身一家腳手隨的關鍵，這樣才能前進、後退得機得勢。故自身覺得少有不隨之處，要從腰、腿中有

無缺陷來檢驗自己，予以改正。

　　凡此皆是意，不是外面。有上即有下，有前即有後，有左即有右。如意要向上，即寓下意。若將物掀起，而加挫之之力，斯其根自斷，乃壞之速而無疑。

　　【解】

　　太極拳在練法上，都是以意念引導招式動作，無論是架勢或勁法都是如此。這是內家拳練法的精粹所在。若單從外形入手，即為外家練法。應知意念是個力量，用意指導行動，不但速度快，而且出手力量大，發放勁長。相反如想停止，不但停止快，而且收後即蓄，可以連發連收，毫無痕跡。這即是以意導氣，以氣運身的結果。所以該段指出，「如意要向上，即寓下意」。此句即比喻，若將物掀起時，即先要用意引勁，運於該物之下，才能將它掀起，而加以挫之之力，它的根自斷，當然壞之速而無疑也。其他前後、左右等皆如是也。前曾注釋，茲不重複。

　　虛實宜分清楚，一處自有一處虛實，處處總此一虛實，周身節節貫串，勿令絲毫間斷。

　　【解】

　　「虛實」在武術上十分重要，太極拳尤其如此。虛實不分，即產生雙重或雙浮，是為病態。從人的整體上看，各處都有虛實，手、臂、腰、膝、腿等等部位，都得分虛實，但均與整體有關。所以必須節節貫串，不能其中有間斷之處，否則通身滯礙不靈，難成高妙之手。

武澄清拳論

釋原論

動：「動之則分，靜之則合。」分為陰陽之分，合為陰陽之合，太極之形如此。分合皆謂己而言。「人不知我，我獨知人」，懂勁之謂也，揣摩日久自悉矣。

引：「引勁落空合即出」，「四兩撥千斤」，合即撥也，此字能悟，真有夙慧者也。

「左重」「右重」「仰之」「俯之」「進之」「退之」，是謂人也。

「左虛」「右杳」「彌高」「彌深」「愈長」「愈促」，是謂己亦謂人也。虛、杳、高、深、長，是人覺如此，我引彼落空也。

「退之則愈促」，迫彼無容身之地，如懸崖勒馬，非懂勁不能走也。此六句，上、下、左、右、前、後之謂是矣。

「偏沉則隨，雙重則滯」，是比「活似車輪」而言，乃己之謂也。一邊沉則轉，兩邊重則滯，不使雙重，即不為人制矣！是言己之病也。硬則如此，軟則隨，隨則捨己從人，不致膠柱鼓瑟矣！

打手論

初學打手，先學搋、按、肘。此用搋，彼用肘；此用按，彼用搋；此用肘，彼用按……二人一樣，手不離肘，肘不離手，互相黏連，來往循環，週而復始，謂之「老三著」。以後，高勢、低勢，逐漸增多，周身上下，打在何處，何處接應，身隨勁（己之勁）轉。論內勁，不論外形。此打手磨練之法，練的純熟時，能引勁（人之勁）落空合（撥也）即出，則藝業成矣。

然非懂勁（此勁兼言人己），不能知人之勁怎樣來，己之勁當怎樣引。此中巧妙，必須心悟，不能口傳。心知才能身知，身知勝於心知。徒心知尚不能適用，待到身知，方能懂勁。懂勁洵不易也。

原註：搋，本音樓，牽也。又，龍珠切，曳也，挽使伸也。俗音呂。

八法打手歌

> 掤攦擠按須認真，採挒肘靠就曲伸，
> 進退顧盼與中定，黏連依隨虛實分；
> 手足相隨腰腿整，引勁落空妙如神，
> 任他巨力向前打，牽動四兩撥千斤。

武汝清拳論

夫拳名太極者，陰陽虛實也。虛實明，然後知進退。進固是進，進中有退；退仍是進，退中穩有進機。此中轉關在身法：虛領頂勁，含胸拔背，則精神提得起；氣沉丹田，而裹襠護肫，則周轉健捷；肘宜曲，曲而能伸，則支撐得勢；膝宜曲，蓄而能發，則發勁有力。

至與人交手，手先著力，只聽人勁。務要由人，不要由己，務要知人，不要使人知己。「知人」則上下、前後、左右自能引進落空，則人背我順。此中轉關，在於鬆肩，主宰於腰，立根在腳，俱聽命於心；「一動無有不動，一靜無有不靜」，上下一氣，即所謂「立如平準，活似車輪」，「支撐八面」，「所向無敵」。

人勁方來，未能發出，我即打去，謂之打悶勁。人勁已來，我早靜待，著身便隨打去，所謂打來勁。人勁已落空，將欲換勁，我隨打去，此謂打回勁。由此體驗，留心揣摩，自能從心所欲，階及神明焉。

編者按：本文作者武汝清，字酌堂，乃禹襄之二哥。道光二十年庚子科進士，曾官刑部四川司員外郎。

五字訣

李亦畬 著 李光藩 解

一曰心靜。

心不靜則不專，一舉手前後左右全無定向，故要心靜。

【解】

心即腦也，腦不可走私別想。心靜不下來，自然不能專一；心如不靜，舉手抬腳無度，不是方向不對，便是步幅不合。所以說走架、打手首要「專一心靜」，心無二用。

起初舉動，未能由己，要息心體認，隨人所動，隨屈就伸，不丟不頂，勿自伸縮。

【解】

開始練習舉手投足，意志難以控制行動，先要用心，所謂先在心後在身。要隨人所動而動，捨己而從人，中有沾、連、黏、隨四字切記於心。

彼有力，我亦有力，我力在先；彼無力，我亦無力，我意仍在先。

【解】

太極拳「後發先至」，無論彼有力無力，我意先行，必占主動。

要刻刻留意，挨何處，心要用在何處，須向不丟不頂中討消息。

【解】

每時每刻要留心，對方挨在我何處，我「意」必用在何處，只有在不丟不頂中才能知曉對方的意圖，才能心領神會。

從此做去，一年半載，便能施於身。此全是用意，不是用勁，久之則人為我制，我不為人制矣。

【解】

按以上練功方法，一年半載功夫便能「上身」。此全是用「心意」體會，不是用拙力，久之，則我處處能沾走順從，人不好制我，我好制人。對方一舉一動均在我「意料」之中，做到心中有底，手上有分寸，腳下有根基。

二曰身靈。

身滯則進退不能自如，故要身靈。

【解】

身體四肢須靈動自如，「身滯」犯僵硬之病，所謂邁步如捕鼠之貓，此中有「輕則靈」之理。

舉手不可有呆相。彼之力方礙我皮毛，我之意已入彼骨內。

【解】

舉手投足不可有呆傻之相，對方的力剛挨我皮外，我

的「意」已潛入對方之骨內（掌握住對方之動向）。

　　兩手支撐，一氣貫穿，左重則左虛，而右已去。右重則右虛，而左已去。氣如車輪，周身俱要相隨。有不相隨處，身便散亂，便不得力，其病於腰腿求之。

【解】

　　腰為靈動之「軸」，氣為轉換之「源」，氣遍身軀，著「意」轉換，上以兩臂撐「圓」，中由「腰軸」轉換，下借地力。

　　「勁」由內變，開合自如，有不得力處，必是「雙重」之病，氣滯則身不靈，身不靈則「氣」不活，順、背、走、沾不得其用，進退不得自如，腰胯不得其用，其病在「腰」而根在「腿」，其病在「腰胯」開合中求之。

　　先以心使身，從人不從己，後身能從心。由己仍是從人。由己則滯，從人則活。能從人，手上便有分寸，秤彼動之大小，分釐不錯；權彼來之長短，毫髮無差。前進後退，處處恰合，工彌久而技彌精矣。

【解】

　　捨己從人，談何容易。捨己，必具備三個條件：其一，走架功底著實，下盤穩固；其二，推手時兩肱前節有力，雙臂撐圓（似鬆非鬆，外柔內剛）；其三，腰軸靈動，兩胯抽動自如。此時虛實開合自由己定，捨己從人，「背、順、沾、走」，心中有數。手上有分寸，腳下知短長，前進後退，自能得機得勢。功久則技藝精湛，練一日

藝精一日，所謂懂勁後愈練愈精。

三曰氣斂。

氣勢散漫，便無含蓄，身易散亂。

【解】

再講氣斂，真氣收斂入骨，力源自能久遠。氣勢散漫鬆弛，內無「開合」之氣，動作自無章法，身體則易散亂。

務使氣斂入脊骨，呼吸通靈，周身罔間。吸為合、為蓄；呼為開、為發。

【解】

丹田為存氣之海，陰陽兩氣變化往復，均於氣海分出陰陽二氣。陰陽兩氣收斂入脊骨，以吸為蓄存於氣海，呼為發勁發於脊骨。

蓋吸則自然提得起，亦拿得人起；呼則自然沉得下，亦放得人出。此是以意運氣，非以力使氣也。

【解】

古時發人「哼、呵」出聲，表現出丹田之內氣爆發力。拿人時自然沉得下（蓄力堅實充沛），放人時，丹田力源「爆發」（也可謂引爆），人自然被發出。此都是用「意」支配，不是使蠻拙之力。

四曰勁整。

一身之勁，練成一家，分清虛實。

【解】

古拳師常說：周身一家腳手隨。又云：周身一家，藝練一日精一日，功夫已上身入內，此時虛實開合著著合度。

發勁要有根源，勁起於腳根，主於腰間，形於手指，發於脊骨。

【解】

此句講「氣」之運行路線。逆行順行兩條線路，勁由氣導，氣由上而下，由下而上，往復循環，連綿不斷（鬆胸而下，貼脊而上），「陰陽」二氣，互借互補（即陽中有陰，陰中有陽，陽不離陰，陰不離陽），往復交織，遍體四肢無處不至。此時，勁路暢通，勁起於腳跟，注於腰際，運於兩臂，行於手指。存「爆發」之力於丹田。準備工作已完備，此整裝待發之勢。

又要提起全副精神，於彼勁將出未發之際，我勁已接入彼勁，恰好不後不先，如皮燃火，如泉湧出，前進後退，無絲毫散亂。

【解】

頭為萬軍之帥，帥旗高豎，千軍萬馬聽令；雙目炯炯有神，直刺敵之喉結。此刻，敵我均處於「勁整」之時，是接勁打勁的最佳時刻。這個「時機」要把握得十分準確（不後不先）。我之勁與彼之勁成為一體，我的勁力速度「如皮燃火」，勁力之長久「如泉湧出」，此時前進後退，得機得勢。

曲中求直，蓄而後發，方能隨手奏效，此謂借力打人，四兩撥千斤也。

【解】

曲而蓄力，直而發人。古人云：兩人處「勁整」之時，又同處一直線上，才能一方被發出。發出與被發出全在兩人「順、背」之中；「順勁」者能借人之力，「背勁」者被人拿「空」，根斷身飄，自然有四兩撥千斤之妙也。

五曰神聚。

上四者俱備，總歸神聚。

【解】

以上四者俱備，總歸煉氣歸神。「神聚」絕非一般之精神專一，乃精神團聚，周身輕靈。

神聚則一氣鼓鑄，煉氣歸神，氣勢騰挪，精神貫注，開合有致，虛實清楚。

【解】

神不聚則一切散亂，神聚則丹田運轉有力，煉氣歸神，將內潛運化之氣行於百骸之中，百骸則聽命於「心」，這時前進後退自如，開合虛實，都能聽「令」於心。

左虛則右實，右虛則左實。虛非全然無力，氣勢要有騰挪；實非全然占煞，精神要貴貫注。緊要全在胸中腰間運化，不在外面。

【解】

此段應結合「虛實圖說」對照著看。實，不是完全占實，實中有虛；虛，不是完全沒有力，虛中有實。全身沒有一處無虛實，又不能離開這個虛實，總要連綿不斷，以意使氣，用氣運力。不是身體亂晃，四肢亂變。虛實就是開合，無虛實開合，還如何講太極之理。

胸中和腰胯之變化在內而不在外，胸中之運化，腰胯之變化，支配著外形。

力從人借，氣由脊發。呼能氣由脊發，氣向下沉，由兩肩收入脊骨，注於腰間，此氣之由上而下也，謂之合。由腰形於脊骨，布於兩膊，施於手指，此氣之由下而上也，謂之開。

【解】

李亦畬作此書後，又增繪四幅《節節貫穿開合圖》，對上行下行之氣講解甚明。

合便是收，開即是放。能懂得開合，便知陰陽，到此地位，工用一日，技精一日，漸至從心所欲，罔不如意矣。

【解】

「收」便是蓄，腰胯開而丹田縮緊，五弓俱成「屈」形；「放」便是「發」，屈中求直，蓄而後發，五弓俱開。懂得開合便能知己知人，到這個地步，練一日長一日功，漸能從心所欲，離太極拳頂峰已不遠了。

走架打手行工要言

李亦畬　著　李光藩　解

　　昔人云，能引進落空，能四兩撥千斤；不能引進落空，不能四兩撥千斤。

　　【解】

　　古人之說，「四兩撥千斤」乃比喻之語，非真四兩之勁能撥千斤之力。此比喻小力勝大力，萬不可認「死理」。引進落空並不「落空」，把對方拿「背」，根斷身飄；非我把對方置於身外，「落在空地」。那就無沾黏之趣，也無處借彼之力了。

　　語甚該括，初學未由領悟，予加數語以解之，俾有志斯技者，得所從入，庶日進有功矣。

　　【解】

　　語言十分簡要，初學拳者不能領悟，我加以解釋，你如有志氣學習拳技，取得「捨己從人」之功夫，由此而入，隨著時間的延長必然有所進步。

　　欲要引進落空，四兩撥千斤，先要知己知彼。欲要知己知彼，先要捨己從人。欲要捨己從人，先要得機得勢。欲要得機得勢，先要周身一家。欲要周身一家，先要周身

無有缺陷。欲要周身無有缺陷，先要神氣鼓盪。欲要神氣鼓盪，先要提起精神，神不外散。欲要神不外散，先要神氣收斂入骨。欲要神氣收斂入骨，先要兩膊前節有力，兩肩鬆開，氣向下沉，勁起於腳跟，變換在腿，含蓄在胸，運動在兩肩，主宰在腰，上於兩膊相繫，下於兩腿相隨。勁由內換，收便是合，放即是開。靜則俱靜，靜是合，合中寓開；動則俱動，動是開，開中寓合。觸之則旋轉自如，無不得力，才能引進落空，四兩撥千斤。

【解】

此段不易分句注解，那樣會支離破碎，而只從字面上注釋，難以解透其中內涵，所以我試把其中因果關係，展示一二。李亦畬談太極拳，常說：走架如有人，打手如無人。可見走架與打手之間的關係。

李亦畬不厭其煩用了九個「欲要」，又用了九個「先要」，最後用了一個「才能」總結全篇。以「引進落空，四兩撥千斤」開頭；又以「引進落空，四兩撥千斤」結束，實是費盡苦心。這九個鏈條，是不可分割的一個「整體」，缺一便不能做到「引進落空，四兩撥千斤」。

「得機得勢」是「捨己從人，四兩撥千斤」之前提。要想「得機得勢」甚難！我得機得勢才敢捨己從人。得機得勢，人「背」我「順」，進退伸縮自如。要得機得勢，先必須具備周身一家、周身無缺陷、神氣鼓盪、精神提起、神不外散、收斂入骨、兩膊前節有力，此七項平日走架，俱要貫穿拳架之中，做到「步步操心，式式留意」。若能如此，何愁「打手」時不能「得機得勢」。能式式如

此，才敢「捨己從人」，自然能「四兩撥千斤」。這個因果關係，學者不可不察，細細留心，自有收益。此時下盤有根，兩膊撐得圓，腰軸靈動，雙胯開合有致，步分陰陽，氣由意領而內轉，帥旗高舉，精神百倍，氣息通靈而遍佈全身，自能得機得勢，從人由己，化發自如，藝精矣。此篇與《五字訣》參照學習，自能識互通之理。

　　平日走架，是知己功夫。一動勢先問自己，周身合上數項不合，少有不合，即速改換。走架所以要慢，不要快。

【解】

　　平常練拳架，是學習「知己」功夫，所謂「體」，是使自己的身體四肢，合乎太極陰陽開合之理，自我體驗，息心體認。一招一勢都要認真去做，按太極身法去要求自己，由外而內，內外兼修，少有不合，迅速改換，多做幾次，熟能生巧，拳練萬遍神理自顯。走架要慢不要快，慢得像寫毛筆字一樣，一筆一劃認真處理。

　　打手是知人功夫。動靜固是知人，仍是問己。自己要安排得好，人一挨我，我不動彼絲毫，趁勢而入，接定彼勁，彼自跌出。

【解】

　　打手是知道對方的功夫。洞悉對方的靜與動固然是知人，但其實仍然是問自己（自我認識）。自己如果安排得好（此處有知人知己的過程），人剛剛挨著我，我不動對方絲毫（使對方不易察覺），趁對方的勢而入，把自己的

勁與對方緊密接住，對方自會跌出去（所謂打悶勁）。

　　如自己有不得力處，便是雙重未化，要於陰陽開合中求之，所謂知己知彼，百戰百勝也。

【解】

　　如發現自己有不得力處，那便犯了「雙重」之病。「雙重」者陰陽不分，即陰中無陽，陽中無陰。如雙方搭手競技，「大頂」為雙重。兩人手成架橋之勢，腰眼平行頂死，誰也無走無化，則成了「牛抵頭」之勢。

　　此病必然要使自己雙腿有變化，腰眼上下抽動，有時右腰眼托左腰眼，左胯抽開；有時左腰眼托右腰眼，右胯抽開。這時開與合、陰與陽互助互輔，可以沾走自如。這腰胯開合，要看對方的「腰」形，不可自專。所謂「知己知彼，百戰百勝」也。

　　胞弟啟軒嘗以球譬之，如置球於平坦，人莫可攀躋，強臨其上，向前用力後跌，向後用力前跌，譬喻甚明。細揣其理，非捨己從人，一身一家之明證乎？得此一譬，引進落空，四兩撥千斤之理，可盡人而明矣。

【解】

　　太極拳內含「陰」「陽」之理，拳走弧形，步分陰陽，人能旋轉自如，圓環之中找出「背」「順」。把太極比作一個圓球，是十分恰當的。要想身如球形，必周身一家，陰陽相濟。如不到這個境界，還不適用。啟軒公給大家的這個比喻，十分珍貴。

撒放密訣

李亦畬　著　李光藩　解

擎、引、鬆、放

> 擎起彼勁借彼力。中有靈字。
> 引到身前勁始蓄。中有斂字。
> 鬆開我勁勿使屈。中有靜字。
> 放時腰腳認端的。中有整字。

　　「擎引鬆放」四字，有四不能：腳手不隨者不能，身法散亂者不能，一身不成一家者不能，精神不團聚者不能。欲臻此境，須避此病，不然雖終身由之，究莫明其精妙矣。

　　【解】

　　「擎」字，古有「一柱擎天」之說，此處「擎」是說拿其一處，管其全身，所以說：「擎拿」必須靈，拿得輕靈，借力有方。

　　「引」是我沾依，使彼不得脫，敵背我順，屈中蓄力於腰胯之間，運化於胸中，做好「發放」準備工作。

　　「鬆」，我遍身鬆靜，屈中求直。找好這個發放的直線，直入其腰，打其力點腳跟。此目標的認定，心必靜。

「放」，發放人時，腰腳必然要認真，衝著一個方向，調動全身勁力，五弓對齊，放射一處。此刻周身成為一個整體，萬卒聽命主帥。

擎、引、鬆、放，講解分割，其實在一眨眼工夫，四項俱有，分開是不能用的。兩人放對，一伸手，什麼也不用想，身知勝於心知。上面寫「四不能」都練成「四能」，招之即來，來之能戰，戰之必勝。

擎引鬆放，用之一時，練功十年。無有明師指點，學者十年苦心，要臻此境是不能夠的。

泰山頂上石刻一句，贈予同道：一覽眾山小。不登頂峰，怎觀勝境。

敷字訣解

李正藩

　　《四字密訣》是應用於太極拳打手、散手化勁和發
勁的秘訣，是以氣而言的。如我們細細揣摩「以心行氣」
「以氣運身」「意到則氣到，氣到則勁到」這些拳理，就
會知道意、氣、勁三者是一個統一體，而又以意為主導，
也就是所謂「心為令，氣為旗」「先在心，後在身」，是
以意識來支配行動的。

　　《四字密訣》中，以「敷」為首要，敷做得到家，
蓋、對、吞才能做得好，所以說「敷，所謂一言以蔽之
也」，也就是講，《四字密訣》中四字雖是一個整體，
「敷」卻最為關鍵，這一個字是可以統帥其他的。

　　什麼是「敷」？「敷」就是以直養之氣（呼吸自然順
遂，以內氣來引導沾、連、黏、隨，化發時吸則隨之而
化，呼則一發即出）將對方包裹周密。

　　「人不知我，我獨知人」，一搭手即黏住對方，一氣
貫串，八面支撐，不但使對方不能得機得勢，而且使他欲
進不得，欲退不能，好像被無形的網敷縛在身上，再也無
法逃脫掉。

　　這就是始而意動，繼而內動，然後外動，意識、呼
吸、動作之先後及其密切的結合。

　　太極拳以意指導一切，所以氣未到而意先至，由意而氣而勁，必先有意吞，而後方氣吞與勁吞，「內動而後外發」「內不動，外不發」，就是這個道理。

　　太極拳強調「捨己從人」「後發制人」，那麼太極拳是否是被動的拳術呢？不是的，形似被動而實則主動，外似被動而內則是主動。

　　《五字訣》「心靜」一節中講：「彼有力，我亦有力，我力在先；彼無力，我亦無力，我意仍在先。」說明意、力都在先，而不是在後。

　　《四字密訣》中更說明我氣在先，也不是在後。意、氣、力都在先，只是含蓄於內，不露於外罷了。這是內功拳的精髓所在。具有這等功夫，也才能做到「人不知我，我獨知人」。

　　太極拳是內功拳，武派太極尤重「內氣潛轉」（隱於內），「氣勢騰挪」（顯於外），在打手、散手中以意氣先聲奪人，氣未至而意已吞，這種外柔內剛，極柔軟亦極剛強的氣勢，又有誰能抵擋得了呢？所以，「知己知彼，百戰百勝」，那就是事有必至，理所當然了。

郝為真拳論

郝為真大師講練太極拳有三層功。初層練習,身體如在水中,兩足踏地,周身與手足動作,如有水之阻力。

二層練習,身體手足動作如在水中,而兩足已浮起不著地,如長泅者浮游其間,皆自如也。

三層練習,身體愈輕靈,兩足如在水面上行,到此時之景況,心中戰戰兢兢,如臨深淵,如履薄冰,心中不敢有一毫放肆之意,神氣稍一散亂,即恐身體沉下也。拳經云,神氣四肢總要完整,一有不整,身必散亂,必至偏倚,而不能有靈活之妙用,即此意也。

初層功歌訣

如站水中至項深,身體中正氣下沉。四肢動作有阻力,姿勢變換要慢習。

二層功歌訣

如在水中身懸空,長江大河浮游中。腰如車軸精神湧,滔滔不斷泅水行。

三層功歌訣

身體如在水上行,如臨深淵履薄冰。全身精神須合

住，稍微不慎墜水中。

手足論

手要毒，眼要尖，腳踏中門襠中站。

眼有鑒察之精，手有撥轉之能，腳有行體之功。兩肘不離肋，兩手不離胸。乘其無備而攻之，出其不意而去之。腳起而鑽，腳落而翻。不鑽不翻，以寸為先，肩要催肘，肘要催手；腰要催胯，胯要催膝，膝要催足，其深察之。

順人之勢，借人之力，接人之勁，待人之巧。

三十六路短打名稱

（1）不遮不架　　（13）順手飛仙掌（25）十字跌

（2）格手擋風　　（14）推手掌　　（26）袖裡一點紅

（3）雙風貫耳　　（15）補面掌　　（27）殺人不見血

（4）烈焰鑽心　　（16）裡拴肘　　（28）撇雁翅

（5）軟手提袍　　（17）外拴肘　　（29）單鑾袍

（6）單鞭救主　　（18）對心肘　　（30）沖天炮

（7）拗攔捆打　　（19）左採手　　（31）鐵門拴

（8）霸王開弓　　（20）右採手　　（32）摸眉

（9）桓侯拍鼓　　（21）裡靠　　　（33）裹邊炮

（10）玉女捧盒　　（22）外靠　　　（34）童子拜觀音

（11）搖枝尋梅　　（23）十字靠　　（35）朝天一炷香

（12）迎面飛仙掌（24）迎門靠　　（36）閉門鐵扇子

李寶廉談拳

李光藩　整理

一、談「化勁」

太極拳全尚外柔內堅之勁，具伸縮性，如鐵似綿，時堅如鋼，時柔如綿。其柔虛堅實之分，全視來勢而定：彼實我虛，彼虛我實；實者忽虛，虛者忽實，變化無常。彼不知我，我能知彼，使人莫測高深，進退自然散亂，則吾發勁，無不勝者。

欲操其妙，須知「化勁」之法：曰沾、曰走。走以化敵，沾以制敵，二者暗合使用，才得心應手。

1. 沾勁

沾勁即「不丟」，不丟者，不離開也。與人交手時須沾住彼勁，使其不得「脫」。不但兩手，全身各處均能沾住彼勁。吾之緩急但隨彼之緩急而為緩急，不可自專，自然沾連不斷。

古人云：能沾依而後能靈活。感覺靈敏，自然能收我「順」敵「背」之效，所謂「動急則急應，動緩則緩隨」也。惟必須兩臂鬆靜，不使絲毫拙力，方能巧合相隨。否則一遇彼勁，便無復活之望。

有力者，喜自作主張，難以處處捨己從人。初學者，

切莫性急，久練自能似鬆非鬆，將展未展，終能隨心所欲，萬無一失。

2. 走勁

走勁即「不頂」，就是不抵抗之謂也。與人交手時，不論左手右手，一覺有「重意」，與彼沾處即變「虛」，鬆一處則偏沉，稍覺「雙重」即速偏沉，蓋知彼之方向，吾隨其方向而去（不可過，要適度），不稍抵抗，使彼勁落空，毫不得力（又不要發現我勁已去，用臂撐開，如此則有支撐點）。

初學者非遇大勁不走，心中仍有「抵抗」之意，苦持不下，力大者勝。故「偏沉則隨，雙重則滯」，技精者，感覺靈敏，稍觸即知，有「一羽不能加，蠅蟲不能落」之妙境。練「不頂」時，首要用腰，腰不足動胯，胯不濟方可動步。

「沾勁」與「走勁」合而用之則曰「化勁」。走主退，沾主進，進退相濟不離，方為入門之道。由沾而聽，由聽而懂，由懂而走，由走而化。

蓋用「走勁」，使彼重心傾斜不穩，用「沾勁」，能使彼無法由不穩復歸於穩。彼重心穩定與否，皆由我主之。彼之弱點，吾皆知之。總說來，「以靜待動，後發先至」，「沾」「走」之妙盡而知之。

二、談「發勁」

1. 引勁

由化勁逆來順受，引入我設的圈套之中，然後制之。

彼屈我伸，彼伸我屈，虛實應付，毫釐不爽，忽隱忽現，變化莫測，己之動作俱作圓形，一環之中即有無數「走」與「沾」，隨機而定，純持感覺，其要不外一個「順」字，吾順彼背。彼有千斤之力，亦無所用，故有「四兩撥千斤」之句。能「引」則能「拿」，能「拿」而後能「發」。引發、拿發，合而為一。

2. 拿勁

引後能拿，則人身無主，氣難行走。拿人須拿「活節」，為腕、肘、肩等樞紐部位；拿人用「腰腿」，內在「意氣」。

欲要發人，必先知拿人，不能拿即不能發，故「拿」較「發」更重要，「拿」是「發」的前提。

能引能拿，遂能發；發之不準，多因引之不合。故引、拿有莫大關係。發時方向、時機合適，人若彈丸脫手，無往不利。練至人體各部處處可用，功力必能融會貫通也。

李寶讓談拳

李錦藩　整理

一、「撥勁」

此即對方欲施力於我，而發我也。我權其力量大小，衡其快慢，察其路線，迎而發之。

二、「勁整」

此與先有差異，是指發人的刹那間，更言對方發我，即對方勁整之時。只有此時，才能將彼發出；除此之外，對方處於勁不整之時，我則不能發之矣。又曰：勁整之時處於最逆之境。又曰：雙方均勁整才能一者被發出，誰勝誰負關鍵在於「撥勁」。

三、「己勁與對方勁」成一直線，方能發人

「接勁」後我得機得勢，我力與彼力成一直線，而方向相反，對方才能跌出。

四、「跟勁」

回憶遜之祖父曾說：勁接著勁即「跟勁」，「揣揣摩摩」，隨化隨進，手與眉齊，甩胯磨腰，一腿管變勁（前

腿），一腿管發勁（後腿），「掤」時我後腿蹬、前腿直。

內三合：心、意、氣。外三合：手、腳、膝。

肩、肘、胯合而為一。

開呼發放動實陽沾，順（背）。

合吸蓄收靜虛陰走，柔（剛）。

遜之祖父說：腳貴在能旋轉，能伸縮。右磨不行而變為左磨，上不行則下移，下不能則上移。

五、拔腰

多做腰腿動作。腰腿動作對後，要看效果：「影響」對方情況，上面（搭手處）不要動，只用下面動（腰腿），上面勁與下面勁相等；常練下面勁，上邊勁亦增，不然「上大下小」，「易於前撲」。

靜如山嶽中心不偏，八面支撐。

動若江河上下相隨，一往無敵。

太極拳練法之我見

李迪生

五十多年前我在上初中時，自太極拳家李亦畬宗師之孫李棠蔭學了太極拳。由於學習者目的不同，在學習的方法上也不一樣。有的學習者是為了健身，便不必從拳術的技擊應用上下工夫。但不管怎麼說，總應按以下幾個要求練習，效果才好。

1. 要依照老師的要求把姿勢做正確

按照起、承、轉、合的方法做對，身形自然正直，不偏不倚，虛領頂勁，含胸拔背，鬆肩墜肘，裏襠護肫，氣沉丹田。

這都是練好太極拳的基本要求。

2. 全身放鬆

肌肉和關節都沒有僵硬的地方，下腹部始終鬆弛自然微鼓，不能緊張用力；不要有其他雜念，如此可使四肢百骸血脈暢通，每打完一遍拳，覺得精神舒暢，如靜睡方醒，有渾身輕快之感。

這樣日久鍛鍊，自能祛病延年。

3. 呼吸自然，不可運勁憋氣

肢體動作要以意識引導，達到運動要求。這樣在姿勢變換起伏動盪中，使人既有心神舒暢的感覺，又有連綿不

斷、剛柔相濟、起伏相承的美感。

4. 注重內氣的修煉

培養內氣要由淺入深，先練太極靜坐椿功。要求精神專一，神意氣內含而不外散，內氣不散於體外，方利於靜養。

有些太極拳的學習者，除了健身以外還要探討研究太極拳技擊的特點和方法，這不是一件易事。因為任何一種拳術都有它獨特之處，否則就不能流傳下來。

太極拳術也有其獨特的練法，練架子除上述各點仍可參用外，還得加進其他練法。要點有：

1. 每一招式都必須按照老師的傳授悉心研習，起承轉合不能有不到或過火之處

架子學完後，必須每日抓緊時間練習，不能間斷，遍數越多越好。練習後要思考所練的動作有無差錯。這一點非常重要。

2. 以意識作指揮

每一招式從勁起於腳根（反彈力），用意念引導內勁到腰到脊，到肩到肘到腕到指。久之力到目的處必有脹麻感，手心（勞宮穴）必有突跳感。這就是「意領勁行」。不論如何變化，都要以意念作指揮，練習久了即可達到意到勁到，才能在應用上占個「先」字。

拳譜曰：「彼有力我亦有力，我力在先；彼無力我亦無力，我意仍在先。」意念傳導的速度最快，所以必須用意念作指揮。

3. 透過走架子練成「周身一家腳手隨」

因為我們是用意識引導練習的，隨著動盪起伏變換把周身練成一家，要到都到（指腿身手而言），要去都去，要停都停，以及動靜相間，都得用意作指揮。

4. 練太極內功

太極拳也是練氣功，李亦畬宗師在《五字訣》中曾說：「氣勢散漫，便無含蓄，身易散亂。務使氣斂入脊骨，呼吸通靈，周身罔間……」太極拳內功習練日久，在指尖和勞宮穴都有氣感，這種靜功對練架子和推手都有輔助的作用。

以上是最基本的要求。

談談太極拳勁法應用

李迪生

太極拳是我國武術的古老拳種之一，不僅歷史悠久，而且拳理深奧。它既有搏擊之長，也有醫術之功。它是集武術、醫術於一體的內家拳術。

概括地說，太極拳練架子必須輕、靈、鬆、靜，外柔內剛，時陰時陽，虛實剛柔，運用變化非常靈活。與練架子同時並練的還有多種基本功法，如無極樁功、太極樁功、太極築基功等，這些基本功法與拳架相輔相成。所以太極拳在養生、健體、技擊、防身等多方面的功能，早被人們所喜愛。

太極是矛盾的對立統一體，是生化萬物的主體。北宋哲學家周敦頤根據前代學說，提出「無極而太極」，認為太極一動一靜產生陰陽萬物。故太極拳法以陰陽變化為主體，在勁法上主要為陰柔陽剛，虛實兼備，陰中有陽，陽中有陰，此虛彼實，變化無窮。鍛鍊既久，體會出剛柔相濟，對勁之變化逐漸達到身知，即謂之懂勁。懂勁後在理論與實踐中即能豁然貫通。

太極拳數百年來名師輩出，習者甚眾。因太極拳既有防身技擊之術，又有健身養生之法，故研習者目的不一，練法當然亦有區別。技擊之術是在人體內在生理機能的基

礎上，人為地鍛鍊成後天武術需要的各種技能。

如太極拳的各種內勁和散手招、法的運用。如果習者不具備健全的、先天賦予的內在生理機能，即便有師父悉心傳授也是練不成的。

太極拳養生健身之法，習者是為了袪除疾病，增強體質，提高自身免疫功能，達到延年益壽之目的。在做法上是透過拳架運動及其他太極健身功法，使體質逐漸增強。由於不懈鍛鍊，使身體氣血周流，內氣充實，周身循環，通暢無阻，自能達到健身免疫。關於這方面的練法和其他輔助功法，本篇不多敘述。

一、太極拳的勁是怎樣來的

勁者，氣力也。每個人都有，有的人力氣大些，有的人力氣小些，這種力氣運用在武術技擊上，不是內在的靈勁。王宗岳《太極拳論》指出：「有力打無力，手慢讓手快，是皆先天自然之能，非關學力而有為也。」這種先天賦予的自然之能，不是太極勁法上要學習的。

太極拳所要學習的勁是怎樣練來的？

第一透過練架子

在起初階段，摒除一切雜念，以心行氣，氣運全身，擺正姿勢。姿勢是鍛鍊身法的基礎。練時必須舌抵上齶，唇齒相合，自然呼吸，含胸拔背，鬆肩垂肘，尾閭收住，上下一致。身體中正安舒，每一落步要分清虛實，依照起、承、轉、合將每式做完。

武禹襄《十三勢說略》中云：「每一動，惟手先著

力，隨即鬆開，猶須貫串一氣，不外起、承、轉、合。始而意動，既而勁動，轉接要一線串成。」上下左右相繫，陰陽剛柔分清，眼視手之前方。習練既久，即能意到氣到，氣到勁到，意到何方勁到何方。這樣長久練習就能產生太極拳法所要求的內勁，也稱靈勁。

第二為樁功的練習

太極拳樁功是與練架子同時進行的。樁功是下盤穩固的基礎，在推手鍛鍊中起重要作用。太極拳的樁功有馬步樁、川步樁、太極築基功中的乾元一氣樁等數種。

樁功習練既久，下盤穩如磐石。下盤有功，即不至於飄浮；若下盤無功，重心易於偏離。樁功練好，下部即能做到腿部屈伸自如，重心下降，推手時也能避免一採即俯、一按即仰之病。所以樁功與架子同時並練，可相互補充產生內勁。

二、太極拳勁法有多少

關於太極拳的勁法，數百年來歷代太極拳家在實踐中積累了許多寶貴的經驗。他們將之固定下來，並總結成本門派的特殊勁法。這些勁法都是推手和散手技擊上應用的。各門派研究發展的一些勁法，除門派內相傳外，從不傳與他人。但有的門派，因傳承興衰演變，有些勁法無人接傳，久而久之，這些勁法只存其名，深奧精微之處則不為廣大太極拳習練者所知，更談不上使用。

太極拳的基本勁法為掤、捋、擠、按、採、挒、肘、靠八種，與進步、退步、左顧、右盼、中定合為十三勢，

為各門派所遵循。如果再加上各門派自己創研的各種勁法，有四十餘種之多。數百年積累下來的這些寶貴的東西，均屬細微的內勁。

筆者從李亦畬宗師之孫李化南（李棠蔭）先師學習太極拳，本門派有搓、拔、切、帶、揚、沉、滾、吸八種勁法和太極築基功等數種，一直是直系相傳。在太極築基功中，「乾元一氣功」更為精妙。

這些勁法和樁功，用文字表達實難將奧妙細微之處說清楚，只能寫出大概的情況。因為有些動作必須示範，學者才能領會清楚。否則，差之毫釐，謬以千里，不是那股勁，即不能用。

另一點難處是變，如推手中雙方搭手，我将對方右膊，對方乘勢將右膊隨将勢變為沉進，向我胸部靠逼，我即以左手變搓，腰略右轉，同時將勁轉到左側，而右手停将勢變成拔勁而止。這些變化，都是意念支配下在同一個時間完成，可謂難矣。

在這種變化中，關於調腰、換勁等之轉變，用文字寫不透徹，非示範不能完全明白。

三、太極拳勁法的應用

太極拳是一種技擊性很強的拳術。從拳架上看，此拳綿軟起伏，好似行雲流水，美觀大方，不含兇猛威力。其實太極拳的勁，是從柔中練出來的，所以稱之為內勁。主要是意氣力三合。

太極拳勁法講究，剛柔相濟，極柔軟而後極剛強，剛

柔互為因果，虛實兼備，爆發力極強。這種變化的動力是「意」，因為太極拳勁法的運動是以「意」作指揮的。

1. 勁法的動力是意

什麼是「意」？古老的說法，意就是心裡想的，但以現在的認識，心裡想實際是人的大腦思維。《十三勢行功心解》云：「先在心，後在身。」《十三勢行工歌訣》云：「勢勢存心揆用意。」又云：「若言體用何為準，意氣君來骨肉臣。」這都說明「意」在太極拳練法中起重要作用。

意即大腦活動思維的表現，它是由神經傳遞對客觀事物的反應，因此意念的傳遞速度是最快的，這就占了一個「先」字。

武禹襄《太極拳解》中云：「彼不動，己不動；彼微動，己先動。」

李亦畬在《五字訣》中云：「彼有力我亦有力，我力在先；彼無力我亦無力，我意仍在先。」可見「先」字是很重要的。所以勁法的動力就是「意」。

它把一系列的招法、勁法用意念調動了自身和對方，使自己時刻都占「我順人背」，在此基礎上把對手勁路遏制，然後用最省力的方法擊敗對手。如果意念只能調動自己，而不能調動對手，遏制對方勁力，那是無功的。

2. 勁法的主要變化在腰胯的配合

太極拳身法的輕靈、圓活、升降全憑腰胯運動，武禹襄《十三勢說略》中云：「有不得機得勢處，身便散亂，必至偏倚，其病必於腰腿求之。上下、前後、左右皆

然。」腰的動作如此重要，因為它是全身動作之樞紐，人之旋轉進退、虛實變化全靠腰勁貫串。

太極拳的拿勁、發勁等以腰軸為主動，無腰即不能化人發人。特別是技擊攻防中，無不由腰部來維持調整自身重心，保持動作輕靈穩定。所以腰要「鬆」，鬆則氣自下沉，下盤穩固。但腰鬆不是全部無力，腰部軟而無力，就不能準確調節全身勁力分佈，保持鬆而不僵即可。

王宗岳《十三勢行工歌訣》中云：「命意源頭在腰隙。」李亦畬在《五字訣》中指出：「勁起於腳根，主於腰間。」以上宗師們的論述，說明太極拳必須注重腰功的練習。要知在推手中只靠背、肱、手之走化、擊發，往往收效不佳，轉換不靈。

腰的前擁、後坐、左旋、右旋完全以意做動力。腰在適時走化、遏制對方勁力的發出等方面起重要的輔助作用。同時，在意念發出走化或擊發的命令後，腰須在同一時間內負責協調動作。從這點看，腰軸可謂功莫大焉。

腰與胯相連，腰鬆胯亦鬆，有助於腰的轉動。兩胯分開，虛實變換，能適時轉換方向，在走化與技擊中起重要輔助作用。

3. 太極拳推手是鍛鍊太極復勁的園地

太極推手就是為了測驗盤架中所獲得的內勁。它是運用沾連黏隨、捨己從人的方法，來探聽對方來勁之長短及勁源的方向，而自己採取適當措施，逐漸練成知己知人的功夫。

太極拳的推手是為了練習懂勁，即知人知己的真正太

極功夫。要熟練掌握掤、捋、擠、按、採、挒、肘、靠和搓、拔、切、帶、揚、沉、滾、吸這些勁法。這些勁法都是在推手中常用的基本內勁。但使用時不是孤零零地逐個使用，而是在引化或發勁時，根據需要，把某些內勁配合在一起，形成另一股復勁。

這種合在一起的「復勁」，形成渾元一體之勁，威力十分強大，對方不易走化而被發出。但這種「復勁」，不是固定的、永遠不變的，而是臨時組合，用畢即散。

這種混合的復勁，要根據對方來勁而組合，應境而生，才能將對方來勁走化擊潰。但必須指出，只有在分別掌握上述各種勁法的基礎上，才能正確地將各種內勁有選擇地混合使用。

如對方用勁向我按來，我首先用掤勁與對方接手。對方忽變「擠按」二勁，想將我之掤勁壓癟。對方使用「擠按」二勁，即為一瞬間的混合復勁。這「擠按」二勁不是合力，而是形成渾元一體的復勁。

又如對方用「捋採」二勁，將我掤勁引化，我隨用「肘靠」二勁進身。這一瞬間形成的「捋採」「肘靠」統謂之復勁，都是渾元一體的。

復勁的臨時組成，是無定數的。使用復勁時，不是事先設想，固定那幾種內勁組成。而是完全取決於當時的情況，也就是說對方來的是什麼勁，什麼方向，根據情況，須在一剎那間決定使用哪些勁來合成渾元一體的復勁，引化或擊發對方。至於使用得當與否，這要視使用者功夫高低，以及意念對客觀情況反應的快慢、準確與否而定。

太極拳復勁的使用完全是以意念為動力，在身法的配合下，熟練運用各種內勁、陰陽變化來迅速完成。由於渾身上下皆在一體變化之中，使每一種內勁，隨時都能夠化成另一種內勁。在推手時，才能乘人之勢，借人之力，將對方發出。

在推手中，內勁和招法可互相滲透，也就是說，術裡有招，招裡有術；剛柔相濟，以柔克剛。

李亦畬在《五字訣》中指出：「五曰神聚。……神聚則一氣鼓鑄，煉氣歸神，氣勢騰挪，精神貫注，開合有致，虛實清楚。」宗師指出了精神貫注的重要性。

筆者偶見一些人，在推手鍛鍊中，閉眼歪頭，好似用耳朵學聽勁。這是一種不正確的身法，長期下去，即成病態，推手難以提高。

太極拳內勁在散手上的使用基本一樣。但太極散手的接勁方法不一樣，接勁後的變化、擊法亦較威猛。如接勁不對，反而將勁裹在自己身邊，是十分危險的。所以初學者必須在師父指導下練習入門，才能逐漸練習應用。

筆者以上所寫內容，係個人體會，疏漏之處在所難免，僅供太極拳愛好者參考。

淺談太極散手的練法和用法

李迪生

　　太極拳散手（以下簡稱太極散手）為徒手較量，有防身的實用價值，同時也是太極拳的組成部分，是太極拳後一階段所必須學習鍛鍊的內容。

　　譬如班侯與雄縣柳的比手就用的是散手，葛福來在學太極拳時與郝為真的比手也是散手。故太極散手在太極拳後一階段的學習十分必要。

　　太極散手有別於推手，它是在外力打來之際，自身迅速反應對抗的方法。若沒有太極散手的鍛鍊，即沒有胸有成竹的出拳方法，臨時亂動一氣，即成為有力打無力，手慢讓手快，成為先天自然之能的一種打擊方法。

　　散手勁法則不是這樣，它在瞬間應付外力之時，也是心平氣靜，不慌不亂，發勁有方，因它有接勁和進身的方法。這些方法是後天學來的，是經過長時鍛鍊而來的技能。

　　太極散手技擊性很強，也有套路，但練法注重各勢單練，要練到猛中有柔，柔中有剛，發勁迅速猛捷，落點準確，瞬息萬變。

　　所以，我們要研究它技藝的科學性、練法的科學性，更須研究以人的意念思維為動力所支配的技擊機能。

一、太極散手的練法

1. 學習太極散手必須有太極拳盤架的功法基礎（任何流派架子套路都一樣）

因為太極拳套路各式在練法上，都是以意引導不用拙力，在全身放鬆下使心情入靜，按照每式動作起承開合的要領，完成一式的動作。就這樣一式接一式地完成套路練習。演練日久，內勁就慢慢產生。這是以意識引導為動力的基礎，即太極散手的第一基礎。

2. 太極散手第二個基礎，是推手功夫

因為推手是鍛鍊太極拳勁法的應用，是練習虛實變化。由推手漸漸悟出立身中正的重要性。從捨己從人，沾黏連隨入手，動急急應，動緩緩隨，敵方來勁腰身自有走化之法。逐漸練習下去，即可懂得勁法的變化，明白沾走相生的功能，是為懂勁。故太極散手要有這個基礎。

3. 太極散手的第三個練習基礎是內功

沒有紮實的內功功底，容易下盤不穩，接觸外力不易走化，致使氣浮上揚，飄動搖擺，反被敵方趁機得勢而失敗。另外，身體也不能整進整退，以致騰閃無度，時間稍長，步法即散亂，難以制人。

要知內勁增長須苦練樁功。有了內在的樁功基礎，下盤自穩，呼吸深長，毫無不安之相，遇敵才能應付自如。

太極拳的樁功有多種，姿勢有別，但功法卻大致相同。筆者學習的為「乾元一氣功」，故以此為例。這種功法分動功和靜功。

　　靜功是練耐力的。要求全身放鬆，意守丹田，呼吸自然深長。站式兩腳略寬於肩，圓襠落胯，腳趾抓地，湧泉穴不踏實；兩膊平舉，後收略彎，手心相對如抱球狀，略低於肩。站樁時間每日至少兩次，每次不少於三十分鐘。這樣鍛鍊不但增加耐力，而且不易飄浮。常練不懈，內勁增強，敵人有沉重感。

　　動功口訣為「乾元一氣功，此功有三層，先練上肢勁，次練腰身功，腿功最難練，中正為上乘」。動功是練走化和爆發力的。上肢功法四式：「翻江倒海，氣貫長虹，金絲纏葫蘆，獅子滾繡球。」腰身功法五式：「前進如張弓，後坐如墊坑，左右閃戰空，揚走斜行路，沉如萬鈞重。」這些勢法須在師傳指導下練習。

4. 太極散手更重要的練法是餵勁，是對思維反應的訓練

　　這個階段很重要，是不能缺少的步驟。因為意念引導是達到身知的有效方法。透過盤架、推手、樁功等一系列的意念引導訓練，有了太極散手基礎。才能適應散手在變換勁法上的應用。反應速率的訓練，必須由餵勁誘導來完成，以達到勁法多變和出擊準確。

　　由此可知，散手的精粹在於內勁渾圓，接勁有方，爆發力強。非千錘百煉無以達到。

　　在餵勁階段中要求達到的目的：第一，要在意念引導下訓練思維反應的速度和判斷的準確性。第二，鍛鍊準確的接勁方法。即在接勁的一瞬間，能正確處理自己應站的方向、步法，以及應用哪些方法制勝。第三，由於始終

意念引導，當勁法上身後，即達到身知，逐步形成條件反射，能夠準確感知對方缺陷，隨時捕捉對方弱點，順勢以制人。

這些練法由淺而深，不能躐等而進。如學者已有太極拳基礎（盤架、推手、樁功等），就無須重複初期的學習，從餵勁開始學習即可。總之，要防止欲速不達之弊，否則自誤。

二、太極散手的用法

所謂散手，是兩人徒手對勢比賽，或在突然遭遇的情況下動起手來。王宗岳《太極拳論》中提到：「觀耄耋禦眾之形，快何能為。」那就是散手的打法。

太極散手的接勁方法，大體歸納為三，即側接法、中接（正接）法、下接法。但不論哪種方法，其訣竅是不將敵方來勁裹在自己身上，也就是說當敵方來勁時，即把其勁力閃於空位，而我圍繞敵方子午線（中線）給予重、輕或推放手法予以打擊。這是太極散手的接勁藝術，也是其用法的特點。茲舉例說明之。

1. 側接法

如敵方以右拳（或掌）向我頭部打來，我迅速以右封手將其來力裹住引開，同時，右墊步的右腳掌與腰突向斜右方旋轉，使左膊向敵後側延伸，以鐵杵搗碓式向其右腋窩猛擊。這是重擊。若不須這樣打擊，則可隨轉身的同時，以左掌擊其右肩，而將其向斜前方發出。左封手的接勁方法同右封手，只是方向相反。

2. 中接（正接）法

敵人突然以掌向我子午線打來。這時墊步閃身不及，若用胸部走化，而敵拳落點是不適於胸部走化的位置，但又錯位不及，不能貿然承接，則須用金絲纏葫蘆的切手，將其來力分開，隨即以飛仙掌擊其太陽穴；或用碓擊廉泉、白蛇吐信等擊其要害部位。如不須重擊，可在金絲纏葫蘆的切手分開的同時，旋腰落胯，以右膊纏繞敵左膊，向右斜下方掄轉，我左膊隨轉推逼敵之右膊，斜平圓猛速轉動，使敵方重心不穩，向我右方斜下偏離，我即用掤擠法將其發出。

3. 下接法

敵人突然用腳踢來，我急以墊步閃身，使其踢在空門，同時我以海底撈月抄其踢腿，在掀翻的同時用海底潛龍將其骨踢傷。若不這樣，則在敵踢來時以彈腿將其蹬出。

學習太極拳以武德為上。古傳早有明訓：沒有武德的人不教散手，恃強好鬥者不教散手，會一吹十者不教散手。這是老輩遺留的戒條，現仍以為鑒。

以上所談用法僅是舉例，並不是非這幾個架勢不能應敵。因太極拳習練者文人較多，並不以拳術謀生，多求延年健身，對於散手中的技擊和擒拿手法多不鑽研，以致許多手法早已失傳。所以，學者應多積累科學的技法，豐富拳法內容，作為人體力學的知識，這是它前進的方向。故寫此篇以供太極拳研究者參考。

太極拳推手後期練法之「餵勁」

李迪生

　　餵勁不是太極拳勁法中一個勁的名稱，而是太極拳推手練習中的一段學習過程。因為太極拳需要鍛鍊「知己知人」的功夫，達到「身知」，才能有用。

　　練習餵勁就是要達到「身知」。對自己（知己）要求，要做到「一羽不能加，蠅蟲不能落」，這就需要別人向自己身上加力（用任何勁法加爆發力），而所來之力傳感到自己的某一部位後，不管來力大小輕微，立刻用相應的走化之法，使自己仍處於順，仍佔優勢（我順）。

　　反之，是主動進擊。須觀看和體測對方有缺陷的那些部位，並立即做出判斷，當用哪種勁法整體跟上去，使對方處於劣勢（人背），而且還不能被對方走化；在即將走化的一瞬間，發出爆發力將對方擊出。

　　倘若自己思維體測反應不靈敏，所有的動作達不到要求，勁法變化無方，爆發力不及時，或爆發時方向不對等，就會貽誤戰機，被對方反擊而處於劣勢。所以必須練習餵勁，以達到胸有成竹、隨動隨化、渾圓一體的境界。

　　學習方法是兩人互相餵勁，長期實踐，互相提高。學習餵勁有四要素（也即四字訣）。

一、觀（看）字訣：觀其外形，看其眸子

餵勁第一個訣竅是觀字訣，即觀察對方外形，看對方眼神。因為人的動作，都是由內心支配，亦即腦神經支配。心中所想由眼神傳出，俗話說：「眉頭一皺，計上心來」。故必須聚精會神時刻注意對方眼神和兩頰之變化，甚至嘴唇鼻尖的波動也在注視之中，用於推測對方的心靈變化，而達到細膩的知人本能。

如對方眼神突然直視而呆納（眼神暗藏），此時則其想加爆發力於對方。我在靜中早有準備，故能承其來勢而走化，並且這時他也正處於中定，我若突然加內勁而發之，彼必被措而出。

另外，觀其肢體運動是否有所俯仰偏倚。如對方兩峰上揚，必想擠按而蓄力，單峰上揚（左或右）必想動步或起腿；單峰沉斜（左或右）必想擊肋或摟腿。對方身形若有俯仰偏倚，要隨即依其形而暗進，即將對方擁起而拔斷其根也。總之對方一有缺陷，隨即跟上，切勿停留或有隨而不足之處。

以上細微的捕捉對方缺陷的方法，鍛鍊日久，自我敏感性越強，洞察能力越高，即能在自身協調變化之中而漸達身知矣。

二、轉（閃）字訣：旋轉落空，閃其勁力

餵勁第二訣竅是轉（閃）字訣。怎樣旋轉，在與對方接勁後，隨其所動。因太極之運動即是圓圈，不論這個圈

所轉弧度大小，均走曲線而不是直線，如環無端，力量加於其上，故能瀉其力於空位。因而左轉而擊右，右轉而擊左。圓環之轉動，要隨其來力方向而變化。

在轉閃過程中自身必須周身一家而節節協調，勿使旋轉有過或不及之病。

如我方引人，當超過我之子午線後，對方即背，即能曲中求直，放對方於空位而發之（我順）。

若我被對方引過對方的子午線時，而腰身沒有隨其轉動而暗進，即受制於人，造成背動。故須在其行動之時而有準備，即隨引隨進，將我進之力旋轉進於其力之下而求直，對方即背（人背）。

最好是在被引之時，注意腿功的配合，周身一家，上動下隨（腿不動則背），隨動之中覺得輕靈，即是我順，故輕靈即發，切勿停留。

三、進（輕）字訣：輕靈前進，攻其虛處

餵勁第三個訣竅，即輕靈前進，攻其虛處。太極拳以靜制動，故在餵勁階段練習中，既要練習知人，也要練習知己。而自己在進攻對方時應當如何前進，須練習並掌握「輕靈前進，攻其虛處」八字。

拳論指出，「邁步如貓行」。這個比喻說明兩個字，一個字是穩，另一個字是輕。因貓在捕捉小動物時，是矬腿往前平跑，平穩而蓄力。

但在人的動作上該如何做呢？這就得做到「虛領頂勁，豎起脊椎」，前進後退、左顧右盼都不許身形歪斜；

否則必致自身偏依，造成背境，為人所制。

如左手在前與對方搭手，向前進步必須左手掤好對方左手；左腳踏實，左膝微屈，右腳抬起後從左腳內側上步，隨勢而進；右手在前，向前進步時與左手相同。

進步時身要微沉，進步的距離要短，腳尖先輕輕落地後急速往前滑行，後腿即跟上；若仍前進，即再滑步再跟步，有前擁之勢。

在退步時，動作稍快（不是逃跑），我手掤好對方，注意對方抬腿進步時，我才退步撤腿，用乙字步法（即前腳輕抬從實腳之側後撤）或三尖撤退。切忌不要環腿出圈而致身斜，反被對方得勢而進，造成背勢。

四、發（整）字訣：整勁爆發，勿使有曲

餵勁第四訣竅是練習爆發力和爆發力點的準確性，來彌補推手中發力點不準的缺陷。因為在推手練習中，單純對發力點的鍛鍊比較少，也不容易掌握，故而在餵勁中特別提出。

爆發力什麼時候發出比較好，這沒有固定的模式，總的來說，你必須將對方拿住，乘其背而發之。不易之處是抓這一瞬間的機會難於掌握，提前了會沒拿死，稍遲點則機會過去了。

做到恰到好處很不易，故必須在實踐中專門練習，由一方餵勁，一方練發，互換學習，共同提高。

如你與對方推手，首先應當求順。這就得隨其所動而將其黏住，在往返走化中將對方拿背（我順），他沒有還

手的餘地而將他擁起，這一剎那間的機會不能錯過，而且這是自身化、蓄、發的焦點，也正是你化、蓄、發一體完成的時刻，此時的爆發力突然向對方發出，而且是向對方傾斜不穩處所發。

應特別注意，發點與落點的位置應在一條線上。要目視落點好像拋物一樣。發勁要周身一家，勿使有曲，但發人遠近與落點及手上揚的程度有關。

總之如上所述，餵勁的幾個要素在講法上雖然分別闡述，但在用法上是一個整體。在師父指導下經過一段時間鍛鍊後，自然融會貫通。能達到這個目的，懂勁就有了基礎，即能愈練愈精而向高層次延伸。鍥而不捨，金石可鏤，希珍惜之。

談談「人剛我柔謂之走
我順人背謂之黏」的變化關係

李迪生

　　王宗岳拳論中指出，「人剛我柔謂之走，我順人背謂之黏」。從字面上理解，覺著明晰易懂，可是做起來卻不是那麼簡單。因為這兩句概括性的語言牽扯的內容很多，其中有剛柔順背的關係怎麼理解，在運用上應怎樣去做等，都不是易事。習拳者在學推手的鍛鍊中，這兩句話最重要，是打基礎的課程。

　　第一句「人剛我柔謂之走」，是說對方有剛硬勁向我擊來，我以柔軟勁走化。初學者遇到這個問題時，不知該怎樣柔才能化掉對方的剛勁。

　　另一句話是「我順人背謂之黏」，就是說我取得順勢時才能黏人。可見我若背是不能黏人的，相反也能被對方之順將自己黏住。此時就須從背中再轉變為順。這種黏走的變化，實非易事，必須從根本上下工夫，才能逐漸上身為我所用。

一、完成黏走變化的基本功夫，必須具備以下要求

1. 全身放鬆，渾身上下沒有僵滯之氣

　　在學習推手過程中，首要的問題是全身放鬆，渾身上下毫無僵滯之氣。不能一搭手硬胳膊硬腿的，那就失去了

靈活，不能隨人所動，更不能體測對方勁的動向、長短，所以搭手時自己之力應低於對方，能夠將對方之勁掤起即可。另一方面自己全身放鬆，氣沉丹田，氣不上浮則下盤自穩，靜以待動。

2. 虛領頂勁，尾閭中正，身體不偏不倚

推手時必須鍛鍊身法中正，以腰為軸，才能隨轉隨接，支撐八面。否則不能得機得勢。宗師武禹襄拳論中指出「命意源頭在腰隙」，又在《太極拳解》中云：「立身須中正不偏，方能支撐八面。」這樣鍛鍊下去，自能一動無有不動，一靜無有不靜，周身渾圓一體，即能將來力瀉於空位。

3. 走和黏的勁法，須有知己知人的功夫

走和黏的勁法不是那麼簡單，必須有知己知人的功夫，否則不易做到或者做不完備。何以言之？不知來力之剛勁是長是短，是虛是實，那麼在隨中要產生丟離之病。這是不能知人的表現。

武禹襄在《太極拳解》中指出：「以己黏人，必須知人，乃能不後不先。」所以必須瞭解對方之勁，才能以走勁而化之。若自己在走勁中得機得勢，對方隨之未變勁法，可是自己將發點錯過，這時想發人也發不出，或者發不好，想黏也黏不住，這是知人的功夫不夠所造成的病症。具體而言，這是因對方勁是活的，你在過與不及的分量上掌握不夠所致。

4. 心情安靜，精神集中

精神集中心無雜念，才能洞察對方，感知對方勁路

的來龍去脈，才能氣不上浮，下盤自穩。武禹襄《太極拳解》中指出：「精神能提得起，則無遲重之虞。」宗師李亦畲《五字訣》中也指出：「神聚則一氣鼓鑄，煉氣歸神，氣勢騰挪，精神貫注，開合有致」。所以在推手中特別提起精神，才能轉接有法，變化及時。

5. 勁路變化必須以意念作引導

所謂意念就是人的大腦思維，是人的中樞神經信號。人的動靜都聽從它的指揮。練意念的目的：

第一是為取得身知。也就是因外界變化之動態而產生的條件反射。第二是為使勁法應用靈巧多變，剛柔相濟，反應快速準確。

訓練有素即成為條件反射，轉念之間，意、氣、力即隨之而去，周身渾圓一體，故能不前不後恰到好處。從太極功上說，意念是個力，它可提升爆發力的強度。

二、黏走的變化

1. 黏走的變化，就是陰陽的變化

陰陽的變化，也就是虛與實的變化。王宗岳《太極拳論》中指出：「黏即是走，走即是黏。」例如兩人進右步，右搭手，甲方以剛勁向乙方進逼，並向右乙之右臂，乙方以柔勁走化，但柔的掤勁不能被甲方剛勁壓癟。乙方隨甲之勢而隨之，當被甲方將右臂帶過子午線後，乙方即背，甲方由順而變黏勁，將乙方黏住，甲方想發即發。此種變化比較簡單。

如乙方隨甲之勢而進右肘，同時右腿微向前插，變

為靠勢，則甲方之黏勁不能形成。甲方怕靠勁打來，急轉左腳，同時右腿隨之左轉手向左回逼，左手沉接，則乙方靠勁落空，乙又變背。所以黏走相生，循環不已；黏中有走，走中有黏，誰功夫高誰占上風。

2. 黏走變化，無定法可依

上例所述勁法變化，無定法可依。平時基本功鍛鍊不夠，在交手中，不知勁法變化，必產生丟頂，這是不能從人所致。《太極拳解》中指出：「須要從人，不要由己，從人則活，由己則滯。」所以要隨人所動，勿自伸縮。但必須指出，從人實是由己。

從人的概念，不是一味地盲從，而是在「隨」中找出對方的缺陷，由缺陷處進攻。所以在走化之時，勁法上要有相應的變化，才能黏人而不產生丟頂。否則硬頂硬別，以拙力相抗，即形成頂牛，即非以小力勝大力，用巧勁取勝。

3. 勁法的變化實質上是陰陽的變化

所有勁法的變化，從無定法可依。其隨對方之勁而變，只能臨時決定，都在一剎那間。此虛彼實，彼虛此實，左右、上下、前後皆然。

在運動上，全身能動部位是相互協調，在意念引導下目標一致的。不能某些部位打先鋒，某些部位偷懶。要做到「周身一家腳手隨」，這樣才能隨轉隨接，毫無停滯，也即拳論中指出的「陰不離陽，陽不離陰，陰陽相濟，方為懂勁」。

太極養生樁

李迪生

太極拳是融技擊與養生為一體的武術，流傳已數百年。王宗岳《十三勢歌》云：「詳推用意終何在，益壽延年不老春。」其中養生益氣之法有太極養生樁功，是醫術氣功結合而成。

該功法既能活動肢體，促進血液流通，增強免疫力，抵抗百病；又能調息養氣，使五臟六腑按其經絡流暢循環。故其能增強體質，永葆青春。

該養生樁共分八勢，茲述於下。

一、名稱

（1）雙手托天　（2）風擺垂柳
（3）霸王舉鼎　（4）回頭望月
（5）敲鐘擊磬　（6）袪風活絡
（7）無我無物　（8）息氣還原

二、練法

1. 雙手托天

兩腳分開與肩同寬，全身放鬆。目光微閉，舌抵上齶，自然呼吸，勻細深長，勿使耳聞。

兩臂由胯往前平伸，舉至肩平，兩手掌心向下，平行

對指回收至胸前，然後翻掌，順肩向上，高舉至頭頂，再將兩掌指尖相對，用力上舉。

這時兩足跟抬起，托天動作一次完畢，足跟落下，兩臂隨原勢收至與肩平。再按原動作上舉，做三次，熟練後可增至七次或九次。

【要點】兩臂舉時要用力。腳跟抬起時，腳趾抓地要有力，即穩。

2. 風擺垂柳

兩腳分開與肩同寬，全身放鬆，目光微閉，舌抵上齶，自然呼吸，勻細深長，勿使耳聞。

左腳向左橫跨一腳寬，兩臂平伸與肩平，左手向後下擺的同時，兩腿微屈，腰隨屈左轉，手隨之向右背後擺至左胯旁，右手由頭上方向左斜上方擺動，然後隨原擺動路線還原，再向右擺動。

其動作與左擺相同，方向相反。左右擺畢為一次，做三次，以後增加至七次或九次。

【要點】腰部要活，切勿用力，使腰部發硬。這個主要是活動四肢和腰肌內經絡。

3. 霸王舉鼎

兩腳分開與肩同寬，全身放鬆，目光微閉，舌抵上齶，自然呼吸，勻細深長，勿使耳聞。

左腳向左橫跨一腳寬，兩臂平伸，高至肩平，兩手掌心向下，平行對指回收至兩肋側，右手順耳側翻掌上舉，

掌心向上高過頭頂；左手掌心向下順肋下按至與胯平，左手上舉右手下按，動作與左手同（*左右交替動作畢為一次*），做三次，以後可增至七次或九次。

【要點】上舉下按均需用力，才能調動脾胃臟腑功能。

4. 回頭望月

兩腳分開與肩同寬，全身放鬆，目光微閉，舌抵上齶，自然呼吸，勻細深長，勿使耳聞。

兩臂上節平舉，兩小臂貼於腰際胯上，虛領頂勁，眼珠隨頸左轉，好像瞅什麼東西似的，然後再隨頸回轉，隨之還原。頸右轉與左轉同。

頸向後仰，眼珠也隨之向上方瞅看。頸返回豎正，眼珠也還原，眼瞼也隨之閉一下。

頸部左右及後仰做畢一次，共做三次，以後增至七次或九次。

【要點】眼珠瞅動少用些力，調動五臟六腑功能。

5. 敲鐘擊磬

兩腳分開與肩同寬，全身放鬆，摒除雜念，自然呼吸，意念「不麻不痛，永無疾病」。

左腳向左橫跨一腳寬，彎腰以拳扣擊腰腿、腹、臂各部，勿用暴力，速度要勻，越是疼痛麻木的部位越多扣擊，全身沒有不適之處，也要隨意扣擊，精神集中在意念上，默想「不麻不痛，永無疾病」。敲擊次數與時間隨

意，一般時間掌握為五分鐘。

【要點】身體麻木疼痛之處就多敲；敲擊之處，如同行針，恢復經絡功能。

6. 祛風活絡

兩腳分開與肩寬，全身放鬆，呼吸自然，摒除一切雜念，意念「祛風活絡，永無疾病」。

以雙手按摩陽白、太陽、頰車、迎香等面部穴位各三次，再用雙手按壓腦後百會、風池、翳風等穴位，並十指彎曲以指尖作梳頭狀，摩梳數次，尤其在風池穴位要用力按摩鼻腔。

再用右手按壓左合谷、左內關及左足三里，反過來用左手按壓右合谷、右內關及右足三里穴。

【要點】按壓手法要重，尤在合谷、內關、足三里穴處，似有疼麻感。

7. 無我無物

兩腳分開與肩同寬，全身放鬆，摒除雜念，目光微閉，腹式呼吸，勿使耳聞。

呵（心）　嘻（肝）　呼（脾）　呬（肺）　吹（腎）噓（膽）

兩臂上抬插於腰際，輕微讀字，勿使耳聞。字發音的口形，也就是呼氣時所要求的口形。呼吸時均不能使耳聽見聲音。吸氣時足後跟微提起，呼氣時落下，每字三次，呼完為止。

開始三次，以後增至七次或九次。腹式呼吸，吸氣時腹部上鼓，呼氣時腹部下癟。

該法是古代流傳的六字呼氣法，用以醫治心、肝、脾、肺、腎、膽等臟腑疾病。

【**要點**】吸時為鼻，呼氣為口，一定要掌握好字音的口形。

8. 息氣還原

兩腳分開，與肩同寬，全身放鬆，目光微閉，呼吸自然，勻細深長，勿使耳聞。

左腳向左橫跨一尺。吸氣時兩足跟抬起，身體保持垂直，勿使搖晃；呼氣時足後跟垂落，呼吸三次即畢，然後雙手乾洗面三次，靜一下，全部收功。

「五捶」形不同　捶捶皆致命

浦公達　楊德高

一、太極拳拳捶之辯說

太極拳雖門派甚多，套路各異，但均有「五捶」之稱。

捶者，無異是以手拳相示。其捶各都以形取象而定。太極拳之技擊中對「五捶」之用有貶而無褒，拳論中稱：「腳踢拳打，下乘拳也」。故僅用拳打人，不是上乘之拳。但太極拳中之「五捶」，也不可說不用，且「五捶」在太極套路中，亦是一個重要組成部分。

當然，太極拳強調，「拳」者，非為兩手之拳，而一人之身，渾身上下都是拳，處處皆能打人。渾身上下皆是拳，這是已達太極上乘功夫之境地。然而《太極拳論》中亦有「因敵變化是神奇」之說，如是得機得勢，亦可用捶致以命也。

太極之捶並非以力打人，而是以勁制敵。勁者，內勁也，故太極之捶有「五官百骸之勁，皆聚於捶」之說。太極拳「五捶」之出手，不僅要求勁整，且要快，因太極之捶應用於直接相搏，手快者打手慢者，故有出手「一擊如雷，不及掩耳」之說。

二、武式太極拳「五捶」之練法

武式太極拳的拳法要求極為嚴密，走架時，要求身、眼、手、步一致。

「五捶」之練法離不開身法的要求，雖握拳似捶，但應輕鬆靈活，非是長拳中擲地有聲之勢。其練時緩慢輕靈，用時則快速必達。因「五捶」之用為直接相搏，故平時練拳走架，如面臨敵，面前無人似有人。

其次，要求意氣拳三者結合。走架時，心要靜，身要靈，氣要斂，勁要整，神要聚；即練拳時需專心致志，一出手要認定方向，專注一方，心專身法也不會散亂。

身靈，則進退自如，出手時則無呆相。

氣斂，方能含蓄，能含蓄方放得人出。

勁整，是指周身一家，集全身之勁聚於捶。

神聚，則一氣鼓鑄，精神能貫注，方能達到形神俱在，而一往無敵。

三、武式太極拳「五捶」之用法

武式太極拳「五捶」因取相而定名，其捶形不同，用法也各異，現將「五捶」之用法分述如下：

1. 搬攔捶

顧名思義，其捶用於攔截對方，從被動變為主動，以攔為守。以擊捶為攻。捶從腰間出，迎其面從腹部擊之，而致敵傷。

2. 肘底看捶

肘底捶，是以暗拳襲敵，若敵從側面撲來，乘其不備，捶擊其腰部而致傷。

3. 踐步打捶

踐步者，其勢兇猛迅捷，當敵臨面，急來急應，一個箭步（踐步）飛躍向前。

其招式是拳腳交加，先以腿法使敵撲倒，繼而拳擊其胸背，猶如蛇打七寸之處擊於要害。

4. 上步指襠捶

如面臨之敵欲以腿傷我之時，我隨即上步，以手摟其膝，同時以拳擊其陰部要害，其拳形有挑襠之勢，致敵傷命。

5. 雙抱捶

在太極拳之中，兩拳並用者甚少，唯武式太極拳有「雙抱捶」之稱。

此捶勁敷於兩膊，當敵面臨之時，兩拳相平，同時向敵中部擊去，致敵傷。

以上「五捶」之論，僅是我們在平時練拳中所聚的一點心得和體會，如有不妥之處，望同道們指教。

劃時代的發現——身知

嚴翰秀

武禹襄這位武式太極拳的祖師，是近代太極拳史上第一位可考的文化人，他傳下的拳論得到了太極拳界的公認，並且被奉為太極拳修煉的指路明燈。可以這樣說，他是太極拳史上一座讓後人感到不可企及的豐碑。

但他絕不是純粹地從理論上研究太極拳的文化人，他的理論都是建立在他劃時代的發現——「身知」的基礎上的。研究武禹襄關於「身知」的理論，對將傳統太極拳發揚光大有著重要意義。

「身知」的提出

「身知」在目前練太極拳的人聽來，似乎很普遍了，但是細細分析起來，它還是比較奇特的。一般來說，知的主體是人的頭腦、意識，頭腦運用概念、判斷、推理而得出「知」來。而平常所說的「身」是指人的軀體，人的軀體不是認知事物的主體。在清末之前，沒見到武術中有「身知」一詞。

我曾經在武式太極拳的發祥地——河北省永年縣進行了廣泛的採訪，也採訪了上海、邢臺等地的武式太極拳的

傳人，他們的口傳、文字中記錄了這樣一段共同的歷史：

　　即1852年武禹襄赴河南溫縣趙堡鎮跟太極拳一代宗師陳清萍學拳，得到了陳清萍的悉心傳授，當時，他自己以為得到了直傳，可以用了。可是回到永年老家後，發現老師教的東西雖然好，但是與自己的親友推手時用不上。他感到太極拳的傳授單心知還不行，還得把老師所教練到身上，讓自己的身體知道才算真正掌握太極拳。於是他與自己的外甥李亦畬一起將陳清萍老師所傳一一付諸實踐，經過很長一段時間，陳清萍老師所教的精妙的太極拳藝才在身上表現了出來。這樣「身知」這一說法在武式太極拳門人中傳了下來，並且被作為練習太極拳的一個關鍵要求，也是實戰致用的基本要求。

　　在武禹襄留下的文字中沒有明確的「身知」說法。我在永年縣採訪時，永年太極名家姚繼祖先生給了我一份武禹襄的哥哥武秋瀛留下的拳論，題目為《打手論》，其中明確地說到了「身知」的問題。

　　這篇拳論的原文是這樣的：「初學打手，先學搋、按、肘。此用肘，彼用按，此用按，彼用搋；此用肘，彼用按……二人一樣，手不離手，互相黏連，來往循環，週而復始，謂之『老三著』。以後，高勢、低勢，逐漸增多，周身上下，打著何處，何處接應，身隨勁（己之勁）轉。論內勁，不論外形，此打手磨練之法。練到純熟時，能引勁（人之勁落空後，撥也）即出，則藝業成矣。然非懂勁（此勁兼言人己），不能知人勁怎樣來，己之勁怎樣上。此中巧妙，必須心悟，不能口傳。心知才能身知，身

知勝於心知。徒心知尚不能適用，待到身知，方能懂勁，懂勁洵不易也……」

此論不知作於何年。武秋瀛曾在河南舞陽縣做官，為弟武禹襄向陳清萍學拳出過力，對太極拳有深研，但不是專研，故寫此拳論應該含有武禹襄、李亦畬兩人的研究經驗，兄弟之間互通認識是正常的事。

由此看來，「身知」的觀點應是在武禹襄學太極拳碰到問題並予以解決的過程中產生的。

武禹襄「身知」說富有實踐意義，但是一個多世紀以來，認真去研究和討論其內容及指導意義的不多。一般人只把它當作故事說說，未能深入去探討其中的基本內容、基本要求及實現「身知」的基本途徑。

雖然筆者感到武禹襄的「身知」說有劃時代的意義，也聽到過多位武式太極拳傳人講解武禹襄、李亦畬的拳論拳訣，但由於對武式太極拳缺少專門的練習，只能結合自己的理解和練太極拳的實踐談些淺顯的認識。

「身知」的表現形式

任何一種思想、觀念、事物的內容都有它的表現形式，那麼「身知」的具體表現形式是怎樣呢？我們將從武禹襄、李亦畬及其後人遺留的拳論和拳例中尋找。

一、對抗雙方的互相接觸是「身知」的必要條件

「身知」是從推手搏擊的角度提出的。因此，「身

知」是以對抗雙方身體相接觸為前提。武禹襄的直系傳人李亦畬所著《五字訣》有這樣的論述：「要刻刻留意，挨何處心要用在何處，須向不丟不頂中討消息。」

李亦畬這裡說的「挨何處」，說明了雙方必須有接觸，不是雙方在離開的狀態下。在雙方身體的接觸處「討消息」，「身知」的鍛鍊，身體不接觸是不能練習的，而這種接觸是「挨」的方式。

「挨」的方式與過去的搏擊有差別。古代戰場上徒手搏鬥一般都是雙方離開有一段的距離，然後瞅機會拳腳相加，這種搏擊方式不是「挨」的方式。

一個「挨」字突出了太極拳推手搏擊的特點。「挨」的輕重是有分寸的，用力肯定不是「挨」。雙方相挨的部位是練「身知」的關鍵所在。

武式太極拳的當代傳人李錦藩先生生前接受筆者採訪時說：「武式太極拳在推手中講究與人接觸，要互相接住勁。兩個人一點都不接觸，中間什麼東西都沒有，不黏住，是無法打的。兩人相沾不但皮肉接觸，還要勁與勁相接觸才能進行順勢借力發放。」由此看來，「身知」練習，必須以「挨」的方式相接觸。

二、在身不知手之舞之足之蹈之

武禹襄先生著述的《太極拳解》中說：「先在心，後在身，在身則不知手之舞之足之蹈之。所謂一氣呵成，捨己從人，引進落空，四兩撥千斤。」

兩位太極拳手推手搏擊，一方比另一方功夫精深，

或者說懂勁了，在身體上就會出現「不知手之舞之足之蹈之」的情況，就能在沾著處隨接隨轉，旋轉自如，在動態中不知不覺地找到機勢，輕易取勝。

本來人的手腳是聽人的大腦指揮的，但到了「身知」的高級階段，已不用大腦指揮了，身體會自然而然地因敵變化借力打人，將人放出。

「身知」的這種表現方式在武禹襄的老師陳清萍傳遞的《九要論》中有論述。《九要論》的第一論中有這樣的文字：「洶乎者若水之下，沛然而莫之禦。若火機之內攻，發之而不及掩耳，不假思索，不煩擬疑，誠不其然而已然，莫之致而致是。其無所致，而云而爾乎。」武禹襄的論述和他老師傳遞的理論是一致的，而武禹襄用的語言則更形象化了。

這種「身知」的實戰事例在《廉讓堂太極拳譜》中有記載。《廉讓堂太極拳譜》中的《太極拳前輩李亦畬先生軼事》一文中有這樣一個事例。

李亦畬有個表弟叫苗蘭圃，生得孔武有力。一天，兩人喝酒後，苗說：「表兄您練的太極拳能不能打人？」李亦畬說：「你高興的話，可以試試，現在請你來打我。」李亦畬坐在椅子上，雙手放在椅子的扶手上，苗用盡力氣按住李亦畬的雙肩，說：「你現在能讓我動一下嗎？」李亦畬「哈」的一聲說：「你坐到對面的凳子上吧！」他的話音還沒落，苗已經被發放出去，剛好坐到對面的凳子上。苗說：「表兄你的雙手沒動，竟能將我打出八尺開外，你的太極拳術真的神了。」

此則記載是「身知」擊人的範例。可以分析一下，李亦畬坐在椅子上，並被一個比他高大的人按住，絕對處於劣勢，但是他在苗的雙手與他肩膀的接觸處，引進落空，借力打人，瞬間將對方發放出。我們不應該將這則記載看作是故事或小說。李亦畬深研太極功，「身知」的功夫達到了爐火純青的境界，故能有這種擊人的表現。這種功夫在上世紀二三十年代的太極拳傳人中不少見，今人中也有，只不過程度有差別而已。

在我採訪過的一些當代太極拳家中，很多人也有類似的經歷，他們在遇到別人突然襲擊，甚至不挨住而襲擊（有的是有意試功夫，有的是無意）時，能自然地順人之勢，不知自己身體如何動已將人擊出。

1990年，我在北戴河李經梧老師的寓所採訪他，在幾天的時間裡，我數度請他講解推手。有一次，我不知何故，突然無意識地用了勁，在一瞬間被他擊出，雙腳離地整個身體向後撞到牆壁上，他向我說了他以前在毫無準備的情況下將人擊出的事例。那年他79歲。

可以這樣說，「身知」是修煉太極拳有成的人的共性表現。

三、「身知」的功夫能否與不練太極拳而練其他拳種的人對抗

對這個問題的回答是肯定的。太極拳在鴉片戰爭之前都是用於保家衛國，在戰場上建功立業的。熱火器使用後時代變化了，它的搏擊功能才被稱為「末技」。

　　老一輩太極拳家都是在刀尖上討日子，也有在擂臺上對抗取勝。楊露禪、楊班侯這些人不說，武禹襄的師兄和兆元的後人和慶喜的徒弟鄭伯英，新中國成立前在開封打擂勇奪冠軍就是以太極拳對其他拳種獲勝的。

　　如太極拳不能與其他拳種相抗衡，就不成其為太極拳，也不配稱武術。武禹襄「身知」說的內容能指導人們進行這種抗衡訓練，接勁是這種抗衡的主要方式。

　　清末有一個鏢師名叫葛福來，精通八方捶等拳術。有一次他經過永年，找到李亦畬，說是沿河村劉洛香介紹來的，要求與李亦畬比試一下。李亦畬再三謙讓，不與他比。第二年他又來找到李亦畬，這次他非要李亦畬與他交手不可。

　　李亦畬再次謙讓但他不許。李亦畬無法，對他說：「我有一個門人叫郝和，學太極拳還沒學到一半，請你與他試試。」李亦畬把郝和叫來，說：「郝和站在這裡，他不動手，任你怎麼打都可。」

　　葛哪裡相信郝和有這種功夫，於是出手連擊三次，均被郝以身反彈打出。葛福來甚是慚愧，說：「我當保鏢二十年，縱橫四方數千里，聽到哪裡有名家我就去領教，到現在為止還沒有人勝過我，想不到您的技藝如此神妙。」於是葛福來跪在地上請求李亦畬收他為徒。

　　從這個例子看出，武式太極拳第三代傳人以身接勁發放的功夫是罕見的。這種沒有任何防禦的條件，只靠「身知」的功夫反擊，在那個靠功夫走天下的年代，差微則亡。從郝和取勝的過程看，具備了「身知」的功夫是可以

與練其他拳種的人對抗的。

關於接勁的問題，在我採訪當代武式太極拳名家時，他們都詳細地講述了接勁的方法。「身知」的功夫達到了較高層，對方的力打擊到他身上時，在觸點已經轉移了，力量已打不到他的身上。正因為這樣，太極拳才具備全面技擊功能。

「身知」這種神妙功夫在其他流派的太極拳中也有實戰的例子。在20世紀50年代初，中國太極拳史上發生了一場太極拳派與外家拳派的代表人物簽署生死狀比武的轟動事件。

移居香港的吳式太極拳第三代傳人吳公儀與香港白鶴派掌門陳克夫在澳門設擂臺徒手相較，據說陳克夫一拳能擊出300磅的力，一秒鐘能連發6拳。比賽只進行了兩個回合，雙方互有擊中，陳克夫兩次被擊中鼻部，流血不止；吳公儀也被擊中，但身上無傷痕。

記者們不相信被陳克夫擊中的吳公儀不受傷，吳公儀當場撩起衣服給記者看被擊中的部位，果然沒有傷痕。

可見，吳公儀經受對方重擊的一瞬間身體已變化，對方的重擊沒有擊實。吳式太極拳沒有「身知」的說法，實際上這種功夫與「身知」相一致，在太極拳的門派中是共性的。

以上所說的是「身知」的表現形式。「身知」是練太極拳的人所產生的一種技擊本領，達到高境界時，能在「物來順應」「順其自然」中取得優勢而勝，這種「身知」的境界是無止境的。

「身知」練習的途徑

作為一個門派都有它的練功、訓練方法，遵循這些方法持之以恆地進行訓練就能有所進步。沒了這些方法，如何練習也難以達到預期的目的。

「身知」是太極拳這一派獨特的技術，高手搏擊已無法無招，觸之即打。那麼它的練習途徑何在？

第一階段：「先在心」的心知階段

武禹襄指出：「先在心，後在身。」武禹襄是個有深厚文化修養的人，他深入地瞭解了太極拳的應用價值（主要是技擊意義），下工夫研究了「怎樣才能練太極功」這樣既是理論又是實踐的關鍵問題。他認為，練太極拳首先「在心」，古人講的「心知」是指人的認識，演繹下去是要認識到太極拳的種種要求，心裡知道這些要求。

1. 心知十六字身法等練拳要求

在武式太極拳中身法是放在首位的。這十六字身法是：涵胸、拔背、裹襠、護肫、提頂、吊襠、鬆肩、沉肘。在我採訪武式太極拳代表人物時，他們首講的都是身法。身法合乎要求了，練太極拳才能形成太極拳獨特的態勢，才能收到好的練拳效果。

李錦藩先生說過：「一個人練拳，基本上按照太極拳各項要求去練，上的是太極拳的功夫。如果像做廣播操那樣，就不會上太極拳功夫。」

練太極拳的人必須知道太極拳的各項要領並照著去做才能練好太極拳。可以這樣說，現在練太極拳的人成千上萬，但能得太極功夫的人不多。

李錦藩先生又說：「練太極拳一招一式絲毫不能馬虎，要不苟且不隨便。」

這是武、李後人對練太極拳的深切體會，按照要領練拳是調整個人身體，將身體練成「周身一家」的途徑，也是「身知」的基礎性功夫。

2. 心知太極拳的打手理論要求

武禹襄當年向陳清萍學拳的經歷就是一個心知的過程，在這個過程中陳清萍給他傳授了各種理論要求，特別是打手的要求，他在月餘基本完成了心知的過程。這對他今後的「身知」練習起了重要作用。

武禹襄、李亦畬兩位大師為什麼能練到那麼高的境界？主要是他們有這些理論作指導，心知這些理論才能使他們走上太極大道。我們看到武禹襄李亦畬留下的拳論大都是關於打手、技擊方面的。我們必須心知這些理論以及其他有關的太極拳理論，這是毫無疑義的。但是，準確地理解這些理論達到真正地心知它，是一件非常困難的事。一方面是有一定的古文閱讀障礙；另一方面是這些文字是古人練習的體會，今人理解很容易望文生義。

舉個例子說：一些人對李亦畬的《撒放密訣》解釋並見諸報刊，基本上是按「擎、引、鬆、放」四個字一字一字解釋，認為交手時先將別人擎起來往自己身前引，把自己蓄住的勁放開不讓屈在自己的身上，放入時自己的腰腿

勁要整等等，不說對其中每一句的解釋準確否，這種孤立解釋的方向就不正確。李錦藩先生對我說過：「『擎、引、鬆、放』四字不是分開說的，它是一下，不是四下，要一下全部做到。」這種理解和實際操作真是「差之毫釐，失之千里」。所以，心知太極拳的理論也有正宗傳授的問題，如果就字解字，望文生義，自以為得其真義，實際上並不準確，實際操作時也不會產生效果，到頭來「枉費功夫遺嘆惜」。

第二階段：「後在身」的「身知」階段

「身知」是用於對抗的，「身知」必須在對抗當中練習才能得到，世傳李亦畬當年研習推手時非常注重實戰。他研究得了一個新的認識，就將它寫成條子貼在牆壁上，然後招鄰里身材高大的人來實戰檢驗，經過實戰印證對的，將條子保留；與實戰結果不符的再改，直到與實戰相符為止。世人以為他是文人，實際上他是一位注重實際操作的實戰家。他的這種實踐研究，他的兩位孫子李槐蔭、李棠蔭在《刊印先祖亦畬公太極拳譜緣起》中稱之為「有如科學家之實驗」。正因為李亦畬這種求實的研究，才使他的「身知」功夫不斷進入新的境界。他的研究為後人提供了一面鏡子，無論是武人還是文人，對太極拳不能做空頭理論研究。

李亦畬「身知」的研究符合唯物主義認識論，正因為這樣，他寫的拳論才能在一百多年後的今天不減光輝，而且越來越現出它的指導意義。

「身知」與心知的關係

「身知」與「心知」是太極拳練習的兩個階段，這兩個階段是不可分割的。單有「心知」，不能致用，只是空頭理論，一朝交手，必遭失敗；沒有心知而去追求「身知」，則更像在茫茫大海中沒有舵的船，絕難駛到預定的彼岸。

「身知」與「心知」兩相比較，「身知」比「心知」更重要。正如本文前面所引武秋瀛所說：「徒心知尚不能適用，待到『身知』方能懂勁。」沒有練到「身知」的階段，應算是一個不懂太極拳的人，這樣說不算過分。

武、楊兩式太極拳在「身知」問題上的比較

楊露禪、武禹襄兩家共居一地，歷史上互相學習，互相支持，其後代互有聯姻，在太極拳的拳論上也有共同的傳遞。楊露禪更注重實戰而在北京名揚天下，那麼楊家所傳的拳論與武禹襄所傳的有什麼異同呢？楊露禪直接得傳於陳長興，在理論和實踐上有自己的特點。他到北京後與政治、軍事、文化等各方面人物有廣泛的聯絡，特別是一些文化人對太極拳的參與，對他所傳的太極拳進行分析，凝結成了現在流行的楊氏太極拳理論體系。現在看到的楊氏拳論有老拳譜《三十二目》《九訣》《太極拳體用全書》等，現選擇其中的一些內容與「身知」說比較一下。

由楊澄甫的二兒子楊振基公開的太極拳老拳譜《三十

二目》中有一些論述與「身知」說相類似。據考證，《三十二目》應是楊露禪在世時形成的。

《三十二目》中的「八門五步用功法」一文指出：「……先明知覺運動四字之本原，知覺運動得之後，而後方能懂勁，由懂勁後，自能階及神明。然用功之初要知知覺運動，雖固有之良，亦甚難得於我也。」這裡提出了一個「知覺運動」的概念，並明確指出，知覺運動是很難練上身的。「知覺運動」是一個複雜的哲學、心理學概念，這裡只能將它局限在兩人相接觸時的「知覺」，這與「身知」的練習內容是一致的。

《三十二目》的「固有分明法」中指出：「運而知，動而覺，不運不覺，不動不知，運極則為動，覺盛則為知。動知者易，運覺者難，先求自己知覺運動得之於身，自能知人；要先求知人，恐失於自己，不可不知此理也……」這裡講到透過運動而達到知容易，達到靈敏的感覺難，並提出了練習知人知己的順序，基本內容與「身知」說也相類似。《三十二目》中的「沾黏連隨」「頂匾丟抗」「對待無病」三篇文章的基本內容是，要知人之知覺運動，避免頂匾丟抗等毛病，必須做到沾黏連隨，這與「身知」的訓練條件完全相同。

楊露禪孫楊澄甫著《太極拳體用全書》中關於推手一節這樣論述：「太極拳從練習推手為致用，學推手則即是學覺勁，自覺勁則懂勁便不難矣。」這裡說的覺勁實際上與知覺運動是一個意思。所謂知覺運動，覺勁都是靠身體的互相接觸才能練到的，這也是「身知」的問題。在中國

太極拳歷史上楊、武兩家各有千秋，在向終極目標邁進的征程上是殊途同歸的。

小結

武禹襄及其兄弟的「身知」說，在中國太極拳歷史上有劃時代的意義，「身知」說對中國太極拳的技擊訓練作了一個階段性的總結，使得太極拳的搏擊方法和非太極拳的搏擊方法有了一道分界線。

中國的摔跤、日本的柔道等雖然也是身體先互相接觸，但是練習的方法、運勁方式等都與「身知」說不同，「身知」充分表現了太極拳的個性。

只有像武禹襄這樣酷愛武術，有文化修養，善於在實踐中總結經驗教訓，有較完美的語言文字表達能力，有相應的社會關係、社會環境、時代條件的人，才能將太極拳諸多的理論、實踐問題用簡練的語言概括出來。「身知」說一旦提出，就能永久性地影響後人。

我們今天必須重視研究古人特別是過去太極拳代表人物的理論和實踐，這些理論和實踐帶有一定的真理性，對當代太極拳的發展有強勁的推動作用。儘管這些研究有一定的障礙，我們也必須不斷努力。

我們還應當重視家傳太極拳理論的研究，重視太極拳嫡系傳人的認識，珍視民間的發明創造，由各種管道和手段將這些家傳的認識完整地總結出來，讓它發揮作用，減少現代人的艱難探索。

到底是「物將掀起」還是「將物掀起」

李紅旗　武霞

　　太極理論博大精深，歷來為習武者所深愛。其中王宗岳、武禹襄、李亦畬的理論更是被各派太極拳家奉為金科玉律，廣為流傳。各種太極理論版本較多，其中文字多有出入處。

　　前些時讀到兩種版本的武禹襄《十三勢說略》，其中有一句重要的論述，文字不盡相同。一本作：「若物將掀起，而加挫之之力，斯其根自斷，乃壞之速而無疑。」一本作：「若將物掀起，而加以挫之之力，斯其根自斷，乃壞之速而無疑。」到底是「物將掀起」還是「將物掀起」？雖說只是兩字排列順序之不同，其意義卻相去甚遠，必須澄清，以免誤人子弟。

　　前一句「若物將……」的字面意思是：如果一物體將要被外力掀起，但還未完全掀起的時候，突然從不同的方向再加力，那麼物體的根自斷，其毀壞的速度很快，這是毫無疑問的。

　　後一句「若將物……」的字面意思是：如果一物體已經被外力掀起，又突然從不同的方向再向其加力，那麼物體的根自斷，其毀壞的速度很快，這是毫無疑問的。

　　從以上解釋可以看出，兩種表述的主要區別在於：一

種是物要掀起，但還沒有完全掀起的時候；另一種是物已經掀起。

哪一種說法是武禹襄大師的本意呢？這要從太極拳本身的特點和屬性來探討。

一、太極拳講究後發制人，以柔克剛，四兩撥千斤，以小力勝大力，以有力打無力。

顯然，如果物已經掀起，要將此物掀起所費的力大，時間長，不符合上述法則。

二、太極拳作為內家拳的代表拳種，最講究勁力含於內，內固精神，外示安逸。其技擊動作隱蔽，「拳打人不知」是太極拳技擊的一貫法則。

如果物已經掀起，就是不加挫之之力，它的根也已經斷了。這樣在掀物的過程中，所費的力要大，時間要長，其技擊的隱蔽性就無從談起。

三、武禹襄先師所創的武式太極拳，架勢小巧緊湊，技擊動作簡潔、精巧，把太極拳的「內固精神、外示安逸」「拳打人不知」的法則提高到一個新的境界，並在太極拳理論上樹立了一座令後世景仰的豐碑。

武先師這句話很顯然是以物比人：對手拉好架勢，準備迎接從對面進攻的勁力，這時如果從正面繼續強攻，只會出現頂勁、抗勁；而對手頂不住逃脫，就會出現以有力打有力的局面，根本談不上有力打無力。如果對手力大，我反會被人所制，更談不上四兩撥千斤，小力勝大力。

如果熟練巧妙地運用太極拳的沾、黏、連、隨之技，從對手不注意防守或發力的側面由下而上，用很小的、不易為對方察覺的勁力，牽動對方的重心；或是有一條腿不能很好地借地力，就在這一瞬間，從正面或別的方向發力進攻，也就是武先師說的「加挫之之力」，對手的重心已被動搖，腰腿已經被制，自然無力防守，才會出現「乃壞之速而無疑」。這樣才能體現出太極拳「任他巨力來打我，牽動四兩撥千斤」的本意。

　　綜上所述，「物將掀起」更符合太極拳本身的特點，更符合武禹襄大師的本意，更符合以小力勝大力、拳打人不知的法則。後一種表述很可能是傳抄錯誤或排版印刷之錯誤。正像王宗岳大師言：「所謂『差之毫釐，謬之千里』，學者不可不詳辨焉。」

論「捨己從人」

李紅旗

　　「捨己從人」一詞出自《孟子‧公孫丑上》。原意為：捨棄自己的缺點，學習人家的優點，非常快樂地吸取別人的長處來行善。「捨己從人」在太極拳理論的鼻祖王宗岳先師所作《太極拳論》中，作為太極拳技擊的主要原則，被鄭重提出。

　　「捨己從人」作為太極拳技擊的主要原則和重要戰術思想，被賦予了哪些新的內涵呢？

　　通俗地講，「要哪給哪，哪近打哪，沾住勁頭打勁尾」即「捨己從人」。

　　「要哪給哪」即敵向我攻擊中，不論進攻何處，我都不消極避讓、躲閃，而是主動沾接其勁頭，挨何處何處分陰陽，沾住勁頭打勁尾。

　　因為敵無論怎樣攻擊，其來勁必有一定方向和目的，我只要洞悉其方向，誘敵以目的，沾住敵之勁頭因勢利導，不丟不頂，引進落空，然後乘勢擊其勁尾，敵自陷入失重的困境，即「人為我制，我不為人制矣。」

　　在「捨己從人」的過程中要以「從近不從遠」為原則，即「哪近打哪」。如從遠，則易走出自己的範圍，造成自己失重陷入危境；從近則主動，從遠則被動。為此要

掌握「無過不及，隨屈就伸」的原則，才能隨彼所動而不「捨近求遠」。

「捨己從人」這一概念影響了一代代太極拳家。他們不但將「捨己從人」作為技擊法則，而且作為做人的準則。捨棄自己的缺點，學習人家的優點，與人為善，與天地自然為善，寬厚仁愛，在技擊上追求「制其身，服其心」而不傷其身，化劍為犁，和諧萬物，使太極拳的文化積澱越來越厚重，技擊境界也越來越高。

太極拳理源出道家，在道家「無為，無不為」「不爭，故天下莫能與之爭」等思想的影響下，逐步形成了以柔克剛，以靜制動，四兩撥千斤，綿裡裹針等技法特點。

「捨己從人」作為太極拳技擊中重要的戰略思想，它的提出和廣泛運用，使太極拳的上述特點更具體形象地落在實處，在訓練中更有章可尋，有路可走。

此外，「捨己從人」更使一代代太極拳家不光有「無為」「不爭」等思想沉澱，還時時有「與人為善，與天地自然為善，和諧萬物」的高尚情操，從而為他們走向「無為而無不為」的至高境界奠定了堅實基礎。

「接勁打勁」之我見

李紅旗

　　武式太極拳在技擊上講究「接勁打勁」，但有許多練家認為「接勁打勁」就是硬碰硬、頂牛，是靠絕對力量把人放出。

　　這就大錯而特錯了，「接勁打勁」是永年太極拳家的俗語，譬如在走化過程中，經常用「磨缸沿，搓鍋底」來比喻勁路的走向一樣。武式太極拳是「曲中求直，蓄而後發」的（武禹襄《太極拳解》）。

　　「接勁打勁」首先是「接勁」，「彼之力方礙我皮毛，我之意已入彼骨內」（李亦畬《五字訣》）。

　　「偵察」清楚敵之力量的方向、大小、變化，然後對症下藥，由圓的運動化掉對方勁路的鋒芒，「曲中求直」，在其老勁將盡，新勁未生之際，抓住時機順勢發放，方能「人為箭，我為弓」（李亦畬《身備五弓解》）「蓄而後發」，也就是「打勁」，從而完成保護自己戰勝敵人的技擊過程。

　　太極拳技擊主要特點是「借力打力，四兩撥千斤」，要實現這一目標，必須「捨己從人」（王宗岳《太極拳論》）。

　　「接勁打勁」正是「捨己從人」這一戰略思想在武

式太極拳技擊中的具體表現。要做到「接勁打勁」並非易事，一般要經過三個階段。

第一階段：接招打招

指拳手習練此拳時間較短，處以招熟階段，譬如敵右手擊我迎面掌，我左手格開，以右手指襠捶還擊。如敵中途突然變迎面掌為定心捶，我未弄清敵之勁路變化，仍用指襠捶，恐怕技擊效果會很差，甚至吃虧。這就是接招打招不懂勁路變化的局限和缺點。

第二階段：接勁打招

經過一段時間的練習，我聽勁功夫大有長進，在與敵接觸的瞬間，已能分出敵招裡勁的大小、方向。但由於自身身法不夠靈，勁法不夠整，抓不住發放的最佳時機，但能確定敵確實為迎面掌，再無變化，最後仍以指襠捶還擊。

第三階段：接勁打勁

由長時間的磨練及名師指點，我化勁打勁都大有長進，與敵接手，「權其遠近、速度、輕重、虛實、真假、前後、左右彼之來勢，我心中明鏡」（李亦畬《接手論》），順勢發放「打勁」，敵自跌出。

總之，「接勁打勁」是太極功夫練到一定層次，「由著熟而漸悟懂勁」（王宗岳《太極拳論》）的體現，是「捨己從人」這一戰略思想在武式太極拳技擊中的具體運用和發展，離「神明」那太極技擊輝煌的頂峰已經不遠了。

淺談太極拳技擊的「先」與「後」

李紅旗

　　幼時練外家拳，常聽人言：「先下手為強，後下手遭殃。出手如閃電，回手似火燒。」後來習練太極拳，要求以柔克剛，以靜制動，後發制人。這一「先」一「後」，其實代表著兩種技擊思想。到底哪種思想更科學、更合理、更先進呢？

　　在一般人眼中，「先下手為強」的優勢是不言而喻的。但事實果真如此嗎？下面我們著重分析太極拳「後發制人」技擊思想的來源、形成和發展。

一、後發制人哲學思想的根源

　　早在二千多年前，道家學派的創始人老子就提出「夫唯不爭，故天下莫能與之爭」（《老子》第二十二章），「不爭」即是「無為」的一種表現。

　　據道家先哲看，「無為」才能「無不為」「上善若水」（《老子》第八章），水至柔至弱，「善利萬物而不爭」，然「天下莫柔弱於水，而攻堅強者莫之能勝」。（《老子》第七十八章）「滴水穿石」即為實例。太極拳理與功法正是在這種哲學思想的指導下逐漸形成以柔克剛，以靜制動，後發制人等原則的。

二、古典太極拳論對此思想的繼承與發展

首先，一代宗師王宗岳在《太極拳論》中提出「四兩撥千斤」「捨己從人」的思想。要想做到「四兩撥千斤」，即以弱勝強，以柔克剛，必須「捨己從人」。要想「捨己從人」必須以靜制動，後發制人。

武式太極拳祖師對此論述精闢：「一動無有不動，一靜無有不靜。視動猶靜，視靜猶動。彼不動己不動，彼微動，己先動。」（《太極拳解》）

李亦畬宗師對此思想的論述更是入木三分：「彼有力我亦有力，我力在先，彼無力我亦無力，我意仍在先。」（《五字訣》）太極拳「後發制人」的思想，實際上是「後人發而先人至」。

三、有運動學家對普通人進行過實驗

甲方用拳、腳等動作攻擊乙方，從動作的發起直至完成攻擊需要0.3秒的時間，而乙方如果發現甲方攻擊，用手、腳等肢體進行格擋，需0.4秒的時間。由於相差0.1秒的時間，實際上乙方對甲方的攻擊無法防守。這就是我們生活中常見許多人互相撕打，兩敗俱傷的原因，這也是世人推崇「先下手為強，後下手遭殃」的原因所在。

太極拳的先賢們是怎樣克服這0.1秒的時間差，在與人交手中獲勝而達到「後人發而先人至」的呢？回答應是「鬆、靜」。只有鬆靜自然才能精神貫注，以意導氣，以氣導力，占盡先機。

　　意即大腦思維活動的表現，它是透過神經傳遞對客觀事物的反應，因此意念的傳遞速度是最快的，這就占了一個先字，從而達到「人不知我，我獨知人，英雄所向無敵」的技擊上的最高境界。

　　綜上所述，「後發制人」是建立在「柔弱」的基礎之上，它是在表面的被動中操持主動，「捨己從人」，根據「偵察」到的情況，做出分析判斷，然後運用各種手段迷惑對方，調動對方，而達到「引進落空」「四兩撥千斤」，最後戰勝對手的一種高深拳技，與平時人們所說的「先下手為強」有著本質的區別。

　　以柔克剛、以靜制動、後發制人的思想原則，不但使太極拳在技擊方面進入上層境界，而且使練習太極拳的人們在工作、學習及日常生活中享受到「無為而無不為」的無窮益處。

推手初探

趙憲平　李志紅

　　武式太極拳推手,是太極拳技擊運用中的二人對練方法。它是訓練周身皮膚觸覺,培養內體感覺的運動,是我國民間武術瑰寶。

　　要想練好武式推手,必須掌握以下幾點。

一、武式推手中的柔

　　武式推手講柔,首先必須認識到柔在推手中並不是退縮,而是柔而不軟,韌而不折。柔表現為捨己從人,沾、連、黏、隨,不丟不頂,隨屈就伸,柔是一種手段,克剛才是目的。其效果是以小勝大,以弱勝強。柔在推手中有三點:一是走化,二是沾逼,三是蓄勁。在運用時,走為化,是避其銳氣。

　　當對方用剛勁進攻時,我可以用弧形運作接引其勁,用腰的旋轉運動隨接隨轉,將其進攻力點引開,消解對方來力。這是以柔化剛,在推手中光有走化是不行的,只有在走化的過程中沾逼對方,才能掌握主動。這是沾逼的作用,具體表現為按之則下,起之則上;進之則退,退之則跟;不先不後,不丟不頂;意念在先,隨對方的過程中用走化沾逼改變其勁的大小方向和作用點,形成「我順人

背」之勢。柔化過程就是蓄勁過程，隨著蓄勁的增加，最終積柔成剛，一擊即成功。

二、武式推手中的鬆

武式太極推手講鬆是指似鬆非鬆，將展未展；是指周身肌肉、精神似鬆非鬆，四肢骨節或勁將展未展，也就是力不能過頭。

這是說自己，運用時似鬆非鬆，是推手中自己站好後的一種靜的形態。將展未展是指彼在被我沾住時，勁將出而沒有出的一種形態，即在發勁前的一種相持階段，我身法步備好，跟勁略鬆，使對方產生錯覺，彼力一有變意，我即聽出，在其想動而未動時，這就是將展未展。這時對準彼勁根源打擊，使其跌出，這所謂「折迭轉挨打悶勁」即是鬆的具體表現。

三、武式推手三勁法

武式太極推手的三勁法是：

> 來勁用截或用牽，回勁用隨要緊沾，
> 悶勁用堵應頭蓋，全靠神氣意念先。

具體運用是：打來勁是指彼勁已出，並且來勁猛，我從側面截，用截不及即改用牽，順其力方向引之。打回勁是指彼勁被我引化，有落空之感覺，想回收時，我沾住彼勁，認準彼回勁方向，隨彼勁緊逼，使其跌出。

打悶勁是指彼勁將出未出之際，我意念在先，按住其

勁頭，逼住其力根源，使其身不得勁，力不能出；如其硬出力，則必以其力還擊其身。

四、武式推手法則

武式太極拳推手法則首先是守中用中。守中就是護住自己的中線，不被對方所制和利用。用中即運用各種勁法，控制對方中心，使對方轉動不能，陷入被動地位。所以武式推手要時時刻刻保護好自己的中線，雙手不論如何運動，總有一手護住自己中線，同時控制對方中線，兩手各管一半，這就是守中用中。

其次是準備。發勁時一般應在退而不退時做準備，練熟後前進後退都可以化發，進時用按擠不丟掤，退時用掤挒不離沾，被挒先擠隨變靠，被靠先截再用閃，受力斜退用採挒，勁起腳根腰胯發。

再次是進退。進時手未進先進胯，胯勁沉住再進手。退時雙手掤好坐好腿，腰胯踏住再退手，這是雙方勁力相持下的應用。

最後是勁法。用勁法要不先不後，不丟不頂。丟了，則摸不到彼勁；頂了，彼有感覺，就變了；所以在推手時用勁必須恰到好處，方可有效。

總之練到有一定功夫時，化發是在一轉腰之間完成；練到高深時，就是意念一動，化發即完成，而不見外形動，使人在不知不覺又沒有痛感的情況下被發出，這也是武式推手與別門推手不同之處，它的要訣就是沾、接、靈、化混合運用。

「先王父廉泉府君行略」簡注

賈 樸

　　先王父❶諱河清，字禹襄，號廉泉，永年人。性孝友，尚俠義。稟貢生❷候選訓導❸。兄弟三人：長澄清❹，咸豐壬子進士，河南舞陽縣知縣；次汝清❺，道光庚子進士，刑部員外郎；瞻材亮跡，並聲於時❻。先王父其季也。

　　先王父博覽書史，有文炳然❼，晃晃埒❽伯仲，而獨擯❾絕於有司❿，未能以科名顯。然以才幹志行，為當道所器重。咸豐間，昌文節公賢基⓫，肅書幣邀贊戎機，以

---

❶ 祖父已歿稱先王父。

❷ 稟生、貢生均為清代生員，即所謂秀才的不同名目。

❸ 訓導，官名，協助同級學官教導所屬生員。

❹ 武澄清（1800—1884年），字霽宇，號秋瀛。少孤家貧，18歲為諸生，授徒養母，兼課兩弟讀書。咸豐壬子年（1852年）進士。甲寅（1854年）補舞陽縣令。在任五年回籍。有詩文稿行世。精太極拳，著有《摟字訣》《釋名》《打手論》《太極拳跋》等。

❺ 武汝清（1803—1887年），字酌堂，號蘭畹。道光庚子年（1840年）進士，官刑部四川司員外郎。後辭官歸里，主講清暉書院十年，磁州學院三十年，成材甚眾。

❻ 兄弟排行三者曰季，時人稱禹襄為「武三先生」。

❼ 炳然：明顯、顯著。

❽ 埒：相等。此謂禹襄從其文觀之，很明顯文才與其兄長相等。

❾ 擯：排斥，棄絕。

❿ 有司：古代設官分職，各有專司，因稱職官為「有司」。

⓫ 呂賢基，旌德人，字鶴田，道光進士，死諡文節。

母老辭；尚書毛公昶熙❶、巡撫鄭公元善❷，又皆禮辟❸，不就。惟日以上事慈闈❹，下課子孫❺，究心太極拳術為事。

　　初，道光間，河南溫縣陳家溝陳姓有精斯術者，急欲往學。惟時設帳京師，往返不便，使里人楊福同往學焉❻。

　　嗣後，先王父因事赴豫，便道過陳家溝，又訪趙堡鎮陳清萍。❼清萍亦精是術者。研究月餘，奧妙盡得。返里

---

❶ 毛昶熙，武陟人，字旭初，道光進士，光緒初官至兵部尚書。

❷ 鄭元善，廣宗人，字體仁，號松峰，道光進士，官至河南巡撫。

❸ 以禮徵召做官。

❹ 舊稱母親住房為慈闈，此處謂侍奉孝敬母親。

❺ 楊祿禪次子鈺，字班侯（1837—1892），在禹襄處讀書學拳，讀書不甚聰敏，學拳極為領悟。祿禪遂請禹襄多課以拳技，故班侯之技多得之禹襄。楊氏所傳有大、小架之別，以班侯學於禹襄者為緊湊架勢之故也

❻ 楊福同即楊祿禪。設帳京師這段歷史不詳，但據一些旁證，可見一些端倪。約於道光三十年（1850），38歲的禹襄由次兄汝清引薦晉京設帳，至咸豐二年（1852）以母老辭歸，在京共計二年多的時間。武氏兄弟，早年遵家教習洪拳。汝清同科進士、陳家溝陳德瑚在永年設「太和堂」藥店，掌櫃名王旭初，武氏兄弟經陳引薦向王學習太極拳。後楊祿禪學成歸來，武禹襄見而好之，常與比較。道光、咸豐間，武禹襄常與北京會友、萬盛等鏢局局首來往，切磋拳藝，在京兼採各拳派之長，學而化之，為後來另創一派打下基礎。這是太極拳第一次傳入北京。後於1854年，汝清又薦楊祿禪進京，從此太極拳逐漸向全國推廣。

❼ 據《永年縣誌》稿載：「河清應豫撫之聘，便道訪陳家溝，又訪武陟縣趙堡鎮陳清萍。」豫撫之聘時在咸豐庚申（1860），時澄清仍在舞陽任所，故禹襄在舞陽縣鹽店帶回王宗岳《太極拳論》；陳清萍拳技得自陳有本，有本與陳長興同輩，清萍更以心得另創一派太極拳小架，盛傳於趙堡和王圪當等地。縣誌稿云：「蓋太極拳有大小勢之別，因人授之不明，小者奧妙難得也。」

後，精益求精，益神乎其技矣！常持一杆舞之，多人圍繞
以水潑之，而身無濕跡。

　　太極拳自武當張三豐後，雖善者代不乏人，然除山右
王宗岳著有論說外，其餘率皆口傳，鮮有著作。先王父著
有《太極拳解》《十三總勢說略》；複本心得，闡出《四字
訣》，使其中奧妙不難推求，誠是技之聖者也！

　　有子五人：用康，郡庠生，候選府經歷；用懌，同
治壬戌舉人；用咸，縣學生，候選鴻臚寺序班；用昭，縣
學生；用極，國學生。孫十五人。次孫延緒，光緒壬辰翰
林，出宰湖北。多攻文學，未深習是術。得其術者，惟李
王姑❶之子經綸❷、承綸❸兄弟也。

---

❶ 李王姑，李亦畬之母，長萊緒兩輩，故稱王姑。

❷ 李經綸，字亦畬，兄弟四人，公居長，年22歲（1853）從母舅武
禹襄學太極拳，身體力行二三十年。後將王宗岳《太極拳譜》、武
禹襄《太極拳論》益以己作《五字訣》等，手抄三本，一自存，一
交長弟啟軒，一交門人郝和。近代治太極拳者，奉為經典論文。門
人中以郝和為最精。子寶廉，字石泉；寶讓，字遜之（廉讓堂之名
由此而來）。孫槐蔭，字子固；棠蔭，字化南，均精是技。曾孫光
藩，愛文學，著有《太極傳奇》，曾任永年《太極》雜誌總編。

❸ 李承綸，字啟軒，光緒元年舉人。20歲前同兄共學太極拳於母舅武
禹襄，終生鍛鍊，悉心研究，著有《敷字訣》載老三本內。得其真
傳者有南宮馬靜波、清河葛順成及本邑郝和等。有子三，寶琛、寶
箴、寶恒。寶琛，光緒秀才，七歲學拳，功底深厚。孫福蔭，字集
五，除受家訓外，更受教於師伯郝和，達二十多年之久。郝氏門生
中能如此者，僅福蔭等二三人。有子三人：中藩、正藩、公藩。正
藩自幼和父親學推手，打下堅實基礎，現在成都某科研單位工作，
業餘授徒，門人中有樂山市石磊，重慶市馬仁濟、趙中福，邯鄲市
黃建新、馬建秋、丁進堂等十餘人。

　　編者按：《先王父廉泉府君行略》，係武禹襄之孫武萊緒所撰。武萊緒，用昭之子，號小宣，工詩詞，善書畫，曾為陳家溝陳德瑚之孫承五，書屏七律一首。此為唐豪先生1930—1931年在承五家調查太極拳歷史時親見，可見陳、武兩家關係密切，歷時久遠。

　　行略，亦稱行狀、行述，是記述死者世系、籍貫、生卒年月和生平概略的文章。研究這篇關於武禹襄的早期史料，有助於進一步瞭解武禹襄。河北邯鄲賈樸先生參考了《中國名人大辭典》《中國近代詩詞典》《邢臺市名人傳》《永年縣誌》《續修永年縣誌稿》《永年縣太極拳史料集成》《太極拳研究》《李氏太極拳譜》以及武澄清、武汝清、武河清、武延緒墓表、墓誌銘等十多種資料，寫出34條簡注，對武禹襄的身世、學太極拳的時代背景及始末，都有簡要說明，可供愛好者參閱。武禹襄曾孫毓堂（字仲華）之子福江先生，為簡注寫作提供了《永年武氏族支合編（家譜）》，作者在此特致感謝。

藝理俱精　功馨千秋

郝吟如

　　李亦畬先生是聞名於世的一代太極拳巨擘。李先生名經綸，字亦畬（1832—1892），河北永年人。咸豐元年（1851年）為歲貢生候選訓導，同治元年（1862年）中舉人，得魁元。才智出眾，工小楷，得其書者，多珍藏之。父名世馨，字貽齋。同治年間永年修城浚池，舉辦團練，世馨助力頗多。亦畬有弟承綸（字啟軒）、曾綸、兆綸。亦畬率啟軒皆從其母舅武禹襄習練太極拳，以亦畬成就最著。

　　亦畬於1853年初始從武禹襄習拳，興趣盎然，精心鑽研，悟性極佳，乃至放棄仕途，畢生致力於太極拳理法的研究，成績斐然，成為一代宗師。

　　郝少如先師生前論太極拳藝時，常以亦畬先生為例，嘗曰：「太極拳藝不在先天自然之能的大小而在後天技能之巧，能恃『引進落空，四兩撥千斤』之術，則能以己之小勝彼之大，亦能以耄耋之年勝力大氣勇的青壯年。」此說為亦畬先生的拳藝最有力之佐證。

　　亦畬身材短小，且雙目高度近視，然拳藝精微巧妙，打手發人備極分寸：能置靠椅尋丈外，發勁投人安坐之上，既無跌落，又不使椅搖動；與人打手，全憑意氣之變

化令力大藝勇者騰空飛出，使人無不心悅誠服。亦畬的拳論，即是其深湛太極拳藝的一面鏡子。

相傳，亦畬表弟苗蘭圃為清武生，很有臂力。一日兩人飲酒，酒酣時，蘭圃問曰：「人言我兄拳技甚善，能打人乎？」亦畬曰：「若弟欲一見證，請出來。」時亦畬兩手扶椅肘而坐，蘭圃則笑趨之前，以兩手按其兩肩，並盡力下按而曰：「能讓我動彈乎？」亦畬不動形，以兩肩發勁，且發一聲「哈」字，曰：「你坐下吧！」蘭圃隨即坐於對面的凳上。蘭圃欽服而曰：「兄雙手未動，竟使我被擊出數尺，且坐於凳上，誠如所傳，神乎技矣！」

又傳，斯時有一鏢師途經永年，聞亦畬拳藝而請人介見，欲知其技特色。亦畬曰：「太極拳無硬功可見，其奇妙在因敵變化。君倘擊我，則我之長立見。」鏢師初不肯，亦畬曰：「然君終不能識太極拳之貌矣。」鏢師曰：「如是，則我一試，幸恕不遜。」亦畬曰：「甚善！」時亦畬立身屋中，以靜待動，鏢師鼓足勇氣奮擊，亦畬則不避不讓，以胸臂承接其來勁，鏢師忽騰空飛至四尺許，下撲於正倚壁間的床上，暈眩得喪魂落魄，許久不能動。及起，拱手謝曰：「我今乃知太極拳神妙也！」

亦畬沿襲禹襄格物致知之法，常招至門客，擇力大氣勇者相撲，以驗其心得。亦畬得其然，更窮追其所以然，舉一反三，反覆體驗，直至明確。

其孫李槐蔭在1935年出版的《廉讓堂太極拳譜》序中描述道：「此譜係先祖晚年所著，中經多次修改，方克完成。每得一勢巧妙，一著竅要，即書一紙貼於座右，比

試揣摩，不斷實驗。逾數日覺有不妥應修改，即撕下，另易他條，往復撕貼，必至完善而始止，久之遂集成書。」亦畬定稿的著作有《五字訣》《撒放密訣》《走架打手行工要言》《一字訣》和《虛實大概圖》等。

在太極拳的歷史長河中，由於各種原因，能夠完整而準確地掌握其原理法則者不多，流傳下來的經典拳論則更少。王宗岳的《太極拳論》作為太極拳術的奠基之著，全面而精煉地揭示了太極拳的本質特徵。

武禹襄以其卓爾不群的才能，對全是宏觀性、結論性論述的《王宗岳拳論》，進行了史無前例地開拓，但其著說仍屬博大精深；亦畬言簡意賅的概括和總結，為其具體而詳盡的延伸。如禹襄「身雖動，心貴靜，氣須斂，神宜舒；心為令，氣為旗，神為主帥，身為驅使，刻刻留意，方有所得」的闡發，即為博大精深的結論性論說。

亦畬的「心靜，身靈，氣斂，勁整，神聚」五字訣則不僅闡明了其必要性，而且還衍生出具體的行功實踐之法則；對求得聽勁、捨己從人、借力打人的呼吸之道（非人體的口鼻呼吸），運用整體之勁，神聚的作用，神氣間的關係，虛實、運化和氣斂的關鍵，以及開合時行氣運勁等理法的總結、闡發，皆較前人更為具體而詳盡。其《撒放密訣》以「擎、引、鬆、放」四句精要之語，將「借力打人」的演練過程，概括得淋漓盡致；而後面的四句「四不能」，將求得「撒放」要訣的關鍵交代得清清楚楚。其《走架打手行工要言》以九個反推的「欲要」之句，對獲得「引進落空，四兩撥千斤」的技藝階梯作了甚為精闢、

確切而透徹的論述，並闡述了「走架與打手之間相輔相成」的辯證原理。

亦畬一生對拳藝精益求精，對太極拳行工實踐的真理不斷深入地進行探究、提煉和總結。其1881年後的研究成果，是對太極拳理法更深刻、更透徹認識的反映。如亦畬的《身備五弓圖》《節節貫串圖》等，即是對「蓄勁如張弓，發勁如放箭」和「周身節節貫串」等結論性的理法，以圖文並茂的形式加以具體化的深入淺出的釋明。

《定軍訣》首次揭開了太極拳藝的旗幟——「氣」字神秘的實踐方法、要求和作用的面紗，全面、完整、深刻而詳盡地對「氣」作了剖析，既有境界性的要求，又有具體的指導性內容；既有概括性的原則，又有總結性的論證，真可謂精彩絕倫！其《接手論》，是太極拳技擊精要的重點闡說。

亦畬以其淵博的學識，使太極拳理論與實踐內容得到充實的發展。

亦畬以理論與實踐的高度統一駕馭著「爐火純青、出神入化」的太極拳藝，以科學、認真的態度去總結實踐是其成功的法寶。經過亦畬千錘百煉的實踐驗證而鑄成的拳論，便是其真實的體現。亦畬自1853開始學拳至1867年的初稿誕生，其間經歷了14個年頭。從初稿到1881年的定稿，亦經過了14年的漫長歲月。但確切地說，其定稿所花費的時間更久。因為任何人在學拳之初是無能力對太極拳深層次的問題進行揣摩的。

亦畬的初稿《神聚》中，有這樣一句可證明的話：

「然非名師十年指示，學者十年揣摩，未易臻此。」1881
後的11年間，據亦畬曾孫光藩先生告之：「李亦畬嘗有百
餘條幅。」若亦畬再有十餘年的生命，這些條幅無疑能更
為完善，使古典太極拳論再添輝煌！

亦畬於1880—1881年間，將「王、武、李」一脈相承
的拳論整理成冊，並親筆手抄三本，一自留，一交弟啟
軒，一送傳人郝為真，人稱「老三本」。這是古典太極拳
論的標準版本，至今被太極拳界奉為經典。古典太極拳論
能夠作為中華民族的優秀遺產流傳至今，成為一種博大深
邃的文化象徵且蜚聲世界，李亦畬先生建立了不可磨滅的
功勳！

亦畬先生以其出類拔萃的才華和敬業精神，承上啟
下，使太極拳理論與實踐內容更臻豐富、完善。當今，
世界上的太極愛好者能擁有璀璨的華夏瑰寶——「老三
本」，得益於亦畬先生歷史性的卓越貢獻。

讀了嚴翰秀先生《誰保存了李亦畬未公開的手書條
幅》的文章，頗有感慨：李亦畬先生將一生奉獻給了其所
熱愛的事業，為太極拳的繼承和發展做出了不可磨滅的貢
獻。其用聰明才智和汗水換取的心得結晶，是我們民族文
化不可多得的寶貴財富。然而，這些寶貴財富在「文化大
革命」中卻慘遭厄運。李光藩先生在極其危險的情況下，
以其敏銳的智慧將亦畬先生百餘條幅中的七條保存了下
來，令人由衷敬佩！

誰保存了李亦畬未公開的手書條幅

嚴翰秀

李亦畬有手書太極拳遺稿留世

初識李光藩先生是在1990年清明前，當時我第一次到河北永年縣採訪太極拳史和人物，縣委辦公室的負責人問清我的來意後，對我說：「縣文化館李光藩先生是永年太極拳名家李亦畬的後代，他對太極拳的情況很瞭解，你去找他會對你的採訪有幫助的。」我隨即在縣文化館的二樓找到了李光藩先生，他熱情地接待了我，並帶我到縣誌辦公室查閱縣誌，複印有關太極拳人物的章節。

隨後，他又帶我到邯鄲、廣府採訪兩地的太極拳傳人、名人，很多人都是他引我認識的。他的幫忙，的確使我的採訪便利了很多。

李光藩的曾祖父李亦畬是清末著名太極拳家，是武式太極豢一代宗師武禹襄的外甥。據《廉讓堂太極拳譜》記載：「先祖初學太極拳於母舅武禹襄先生，既已盡得其傳，復以畢生精力，苦志鑽研。凡一舉一動，無時無刻，莫不在鍛鍊揣摩之中。故克臻妙境，是先祖之所以能登峰造極者，實非偶然。」（《刊印先祖亦畬公太極拳譜緣起》，李槐蔭、李棠蔭曾在北京、太原等地授拳）

李亦畬的兒子李石泉（李光藩的祖父）這樣描述過李亦畬對太極拳的研究：「我父每得一勢巧妙，一著竅要，即書一紙貼於座右，比度揣摩，有如科學家之實驗。逾數日覺有不妥應修改者，即撕下，另易以他條，往復撕貼，必至神妙正確不可再易始止。久則紙條遍貼滿牆，遂集成書。」就這樣，李亦畬寫下《五字訣》《走架打手行工要言》《撒放密訣》等不朽的太極拳拳訣、拳論。

據資料，這些拳訣、拳論初成於1867年，定稿於1881年。從初稿到定稿時間相隔14年，從定稿到1892李亦畬去世相隔11年，從初稿到李亦畬去世相隔25年。在這25年間，特別是後11年間，李亦畬留存下來手稿未公開的有數百條幅，其中有一些是後11年間研習擬就的。這些手書條幅有的是對原定稿的拳論、拳訣的補充，有的發展了原來的拳論、拳訣的內容。

外界只知道李亦畬有手稿留存，但不知其內容和去向，太極拳研究者及其後人、傳人都十分關心這些手稿，但由於各種原因而不可知、不可得，這成了太極拳史上的一大懸案。

李光藩先生作為李亦畬的第四代孫，與這些手稿有著密切的聯繫。他陪我在邯鄲、永年採訪時粗略談到過這些手稿的情況，但由於初識，交往不深，他未能詳盡。1990年以後，我多次到永年採訪，均與李光藩見面詳談。1995年9月，我參加了第三屆永年國際太極拳聯誼會。會後，我又到李光藩的家鄉廣府鎮採訪，李光藩先生專程返回廣府在他的家中對我詳盡地講述了李亦畬手稿的保存情況，

並將他保存的李亦畬部分手稿的內容讀給我聽，讓我錄音。1996年2月19日，李光藩先生將拍成照片的李亦畬手稿之一《定軍訣》寄給我。1996年4月7日，他到海南傳拳後專程到南寧與我見面，我們促膝長談到凌晨兩點。

他的多次敘述，讓我清楚地瞭解到李亦畬手稿的下落。最後他說，由我代他公開李亦畬手書《定軍訣》，他保存的其他手稿以後有機會再公開。

他如何保存了李亦畬手書條幅

李光藩的父親李槐蔭，新中國成立前畢業於高級警官學校，當過地方公安局長，後棄官從文，任過山西大學教員，《山西日報》主筆。李光藩1938年出生於山西省太原市，他從小隨父生活，對家傳的太極拳有耳濡目染的瞭解。

新中國成立後不久，李光藩的父親因病去世，去世前，父親把他叫到跟前說：「根據祖上遺訓，你一生不論是順境還是逆境，特別是不管碰到什麼挫折，都要把太極拳當作畢生要練的事業。」並囑一定要把拳譜、條幅由北京取回。

武禹襄、李亦畬家族過去是廣府望族，李光藩從小受家族遺風影響，愛好文學，17歲那年曾在《人民日報》發表過四首短詩，20歲前在《河北文學》、山西《火花》等刊物發了20多篇文學作品，1956年曾出席過河北省青年業餘文學創作會議。然而寫作使他遭到了磨難。1958年，他被錯劃為「右派」，以後安排到縣交通局所管轄的一個

工廠勞動。先後當過收費員、監理員、保管員、鍋爐工等，「文化大革命」期間被遣返廣府鎮農村勞動。

　　1967年初，「文化大革命」漸成高潮。一天，縣交通局的造反派通知他，要他先回家將家裡所存的「四舊」清點上交。他馬上趕回家與母親說明情況，將裝有李亦畬手稿的木梳盒拿出來，他記得父親說過：「這盒子裡的東西其他什麼都可以丟，《節節貫串圖》不能丟。」當時他記得《節節貫串圖》和解共八張放在盒的最下面。由於門外來抄家的人已吵吵嚷嚷，他趕忙把盒底的七張手稿抽出來，來不及細看，迅速折捲起來，但覺得無處可藏，焦急至極，猛然看見牆角有一堆剛撕下的糊牆的碎報紙，便靈機一動，將這七張條幅插進碎報紙堆裡。

　　抄家的人闖進屋來，遍搜了房子，木梳盒裡的李亦畬手稿被當作「四舊」燒掉了。有一人走到碎報紙堆上踩了一下見無硬物，也不是「四舊」，便不予關注。抄家人折騰了好一陣子走了，

　　這樣，李亦畬的七張手稿條幅僥倖保存了下來。可是李光藩打開條幅一看：《節節貫串圖》和解只有四張，即《初合圖》和解兩張，《合而開圖》和解兩張，少了第二、三圖和解四張。另三張條幅的內容是《定軍訣》《身備五弓圖》《接手論》等。

　　這七張李亦畬手稿保存下來了，但如何保藏，他和母親犯難了。李光藩先把條幅藏在房架的椽子空處，母親說，擱在上面還是不安全，可能以後抄家還有多次。他與母親商量來商量去，最後決定把七張條幅藏在牆壁中。李

光藩移來一張方桌，他上到桌上，把牆壁的一塊磚掏出來，用塑膠膠紙將條幅包好塞進牆洞裡，再用磚封好，抹上灰漿。

到了1977年，李光藩搬回原來的祖房住，這房子由於破舊無人住，這七張條幅照樣藏在牆裡。1978年，李光藩摘掉了「右派」帽子。三中全會後的1980年，社會逐漸穩定，太極拳活動也逐漸恢復，李光藩的母親說：「可以去把那牆壁中的東西拿回來保存了。」李光藩按母親的要求，去把磚撬開，將七張條幅拿了回來，用檔盒裝住。李光藩的母親於1982年去世，享年82歲。母親去世後，李光藩視李亦畬的七張手稿為生命，從不示人。

1991年，第一屆永年國際太極拳聯誼會在李光藩的家鄉永年縣廣府鎮舉行，全國的太極拳活動頻繁，書報刊上一些太極拳派的秘傳練法也不斷公開，李光藩感到改革開放推動了太極拳的廣泛傳播，他萌生了將李亦畬手稿公開的念頭。於是他把李亦畬手書的七張條幅拿到北京榮寶齋請人裝裱，與此同時，將其中的一些內容告訴了友好同行，這些友好同行將之見諸報刊。但是由於是口傳，李亦畬手稿的內容見諸報刊時有誤字。他在將《定軍訣》照片給我時說：「《定軍訣》是第一個給你，也是第一次給人，這原稿照片發表可以更正一些報刊的差錯。」

李亦畬手書太極拳遺稿的內容及意義

《定軍訣》釋文如下：

湧（下），源淵不斷，力源久遠；壯（中），氣海堅

實，丹田充沛；飄（上），著力輕靈，用力圓活。

解曰：底氣足，中氣運，上氣靈，三氣合一方能著手奏效也。

據李光藩先生錄音整理的李亦畬遺稿內容之《身備五弓圖》「解」的部分內容如下：「五弓者，上有兩膊，下有兩腿，中有腰脊，總稱五弓。五弓者，總歸一弓。一弓張，四弓張；一弓合，四弓合，五弓為一弓，才好實用。大弓張，四弓張；大弓合，四弓合。總須節節貫串，一氣呵成，方能人為箭，我為弓。」

李亦畬遺稿內容之《接手論》部分內容：「近聞人言『練拳易，接手難』。特別對外家拳、國外柔術、泰拳感到棘手。拳者，權也。權其遠近、速度、輕重、虛實、真假、前後、左右，彼之來勢，我心中明鏡。接手不可過早，更不可過急，恰如其分。前進後退，由彼而定。黏住一處，拿其全身，順勢而進，攻其要害，動其心魄，使其膽肝俱裂……」

李亦畬遺稿的其他內容：「……久之則氣斂，煉氣歸神，乃上層之功。氣以神領，不可自作主張，氣不出盡，中氣鼓盪，上氣圓活，此乃儒家之道。」

「講三齊，手與足齊，肘與膝齊，肩與胯齊，乃平日行工走架之規矩。如死守其法，打手必僵硬，無圓活之趣。手與足是首與尾的關係。首尾相應，互相默契配合，中以胯虛和磨腰，才能進者得機得勢，退者靈動圓活，無僵硬之病。膝與肘，肩與胯也同此理，百骸如出一心，才能發之有效。」

對以上內容和未公佈的《節節貫串圖》二圖二解，李光藩先生作了以下分析。他認為：

其一，李亦畬這些遺稿內容是對他已成書拳論、拳訣的補充，與《五字訣》《走架打手行工要言》《撒放密訣》等拳論、拳訣互相呼應，互為補充，可以參合理解。

其二，《五字訣》等拳訣是從理論的高度來闡明拳理，現在保存下來的這些遺稿是拳論的具體化，更具可操作性。

其三，說明了李亦畬在原來拳論定稿以後，接受了新的思想，特別是對外國搏擊術有新的研究以及提出了對策。如「接手」問題就是對付外國搏擊術的一個重要方法，也是取勝的根本原則。

李光藩先生認為，李亦畬這些遺稿是他本人進入拳的上乘境界後對拳的精闢認識，它對指導太極拳的練習者提高練習效果有重要意義。

他保存了李亦畬用過的一把寶劍

李亦畬使用過的兵器傳世的有一把寶劍和一條40公斤重的鐵棍，鐵棍給李遜之（李亦畬的二兒子）的門徒練習時折斷。餘下一把寶劍存李光藩家。此劍刃部長60.8公分，桃木鞘，是李亦畬的珍愛物。這把劍至少在李家存了100多年。

1966年，在縣城勞動修路的李光藩敏銳感覺到「文化大革命」運動風雨欲來。一天，他跑回家與母親商量如何妥善保存這把劍。留著這把劍，怕人說是私藏兵器；但祖

上的珍物又不宜丟掉。半夜了，母子倆還拿不出主意。最後李光藩說：「把劍埋了。」母親一時聽不清說：「不能賣。」他說：「不是賣，而是埋起來，待以後形勢好了再取出來。」母親同意了。但是埋在什麼地方保險呢？經過反覆討論，決定埋在地下。於是李光藩用黃油布、牛皮紙將劍捆紮好，在每年都種絲瓜菜的地裡挖了個一尺多深的坑，將劍埋進去。1977年，他搬家時才把劍挖出來，這把寶劍一埋就是11年，取出來時劍被銹蝕得很厲害，但終於將劍保存到現在。

　　李亦畬作為清末一代太極拳宗師，他寫出的已見諸書刊的拳論、拳訣至今還為廣大太極拳愛好者所喜愛，並指導著太極拳愛好者在太極大道上向高境界行進。他所遺留的手稿同樣閃爍著太極拳真理的光輝，繼續照耀著後人。而在極其艱難的情況下千方百計將李亦畬的遺稿遺物保存下來的李光藩先生，相信廣大太極拳愛好者都會對他表示深深的敬意。

李亦畬先生所繪之「太極五弓圖」

　　此「太極五弓圖」是武式太極拳泰斗李亦畬先生（1832—1892）於清朝末年研創繪製的，「五弓圖」簡明扼要，一目了然，深刻明細地闡述了太極拳一身備五弓之哲理。本圖對研習太極拳技擊實戰有極其重要的作用，尤其對矢志不渝求真功、刻苦鑽研太極之精髓者，將起到巨大作用。此圖是李亦畬老前輩集畢生精力精心繪製並珍藏下來的寶貴資料之一。今公佈於世，望太極同道深研細

究，揣摩其理，提高技藝，共同為太極拳事業發展做出更大貢獻。

身備五弓解（太極五弓圖釋）：

五弓者，上有兩膊，下有兩腿，中有腰脊，總稱五弓。五弓者，總歸一弓。一弓張，四弓張；一弓合，四弓合，五弓為一弓，才好實用。大弓張，四弓張；大弓合，四弓合。總須節節貫串，一氣呵成，方能人為箭，我為弓。

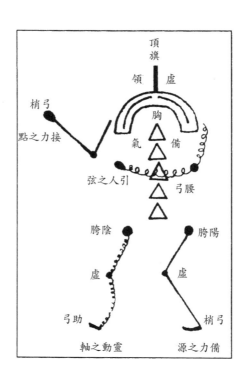

「李氏太極拳譜」編次者李福蔭先生

賈　樸

李福蔭（1892—1943），字集五，享年62歲。1913年畢業於保定高等師範學堂理化系。工詩詞，善篆刻，愛書畫。初任灤縣初中教員。年餘返里，任河北省立永年十三中學理化、數學教員，後任訓育主任。直至「七七事變」，從事教育工作凡20餘年。先生授課循循善誘，深受學生愛戴。對校規之建立，教學之改革，頗多建樹；為人正直，嫉惡如仇，樂善好施，尤為里人所尊敬。

先生在父親教導下，7歲開始學太極拳，除受家訓外，又拜郝為真先生為師。1914年為真先生返里後，任省立永年十三中學武術教師，得以朝夕受教前後近20年。郝師門生中能如此長期受教者僅二三人也。

為真先生既歿，門人李福蔭（字集五）、韓文明（字欽賢）、張振宗（字玉軒）等思念不忘，立石墓前，以作紀念，並作俎豆之祀。

1925年，許之洲任縣長，成立國術館，聘先生為教員。另外在他倡議下，私人集資，成立了「太極醬菜園」，作為至親好友練拳研究之場所，經營所得，作為活動開支費用。1929年先生在十三中校任教期間，首次將李啟軒藏《廉讓堂太極拳譜》（後稱《李氏太極拳譜》，「老

三本」之「啟軒本」）編排油印，分發給國術館學員，人手一冊。至1936年數年間，先生又將油印本、石印本多次複印。凡索取者，近至鄰縣，遠及京津，皆無償贈送。當時為了健身禦侮，其用心亦良苦矣。

先生堂弟李槐蔭（字子固，亦畲公之長孫），供職晉省。1934年返鄉省親，與先生商討刊印《李氏太極拳譜》事，先生慨然允襄厥成，將祖父啟軒藏本重新編次，由李槐蔭攜稿在太原於1935年鉛印出版。應李槐蔭之請，前有邱仰浚（山西沁縣）、馬立伯（山西稷山）作序。邱先生又親題《李氏太極拳譜》書名。後有李福蔭太極拳譜後序暨李槐蔭、李棠蔭《刊印先祖李亦畲公太極拳譜緣起》。此譜流傳社會，對太極拳的發揚，起到很大作用。如最近沈壽先生編輯的《太極拳譜》（1991年版）乃集太極拳譜之大成者。他根據《李氏太極拳譜》內容，詳加校對，重新編排，析為王譜、武譜、李譜，分為三卷列於《太極拳譜》之首。後附李福蔭先生後序。《李氏太極拳譜》為治太極拳者必讀之經典著作，先生誠太極拳之功臣也。1939年，師叔福蔭老師亦將該書授我一冊，受益匪淺，轉瞬已60年了，為了不忘所學，特附記之。

軒公（名承綸），光緒乙亥（1875年）恩科舉人，己丑（1889年）科大挑二等，候選訓導。勤著述，愛考古，淡泊名利，無意仕途，乃先生之祖父，亦畲公之胞弟，共同學太極拳於母舅武禹襄。練拳終生，悉心研究，遂臻神明，著有《敷字訣》存世（見「老三本」）。與其兄亦畲公齊名。楊班侯少時曾就學於武禹襄，與公年相若，兩家

素為世交，常相互切磋拳藝。公曾將王宗岳《太極拳論》及有關拳理書贈班侯。在永年當時武藝最高者要數啟軒公兄弟與楊班侯。得公傳者有：清河葛順成、南宮馬靜波、本邑郝和等。公有子寶琛、寶箴、寶桓，俱為庠生。得家傳者寶琛、寶桓二人也。

寶琛公（1865—1922年）乃李福蔭先生之父也，享年47歲。曾任縣學訓導，未幾歸里練拳，誦讀，鑽研醫學，勤奮一生。7歲開始學拳，數十年如一日。與人推手引進落空，遂即發出，人多不敢與之相較。永年城內街道都是土路，雨後道路泥濘，一習武者自恃藝高，在路上故意從公後方搶道撞身而上，剛觸公之肩膀，遂即跌出丈餘之外。軒公嘗告誡他少與他人試手，以免傷人。公常以肩、肘、胸、背化力發人。其技藝之精類如此。

光緒二十四年（1898年），岑旭階太守來守此邦，延請寶琛、寶桓二公教其子侄，是時先生亦從學焉。寶琛公又精於中醫外科，常親配膏散，免費為病人開刀敷藥，活人甚眾。感其醫術之精湛，醫德之高尚，遠近鄉里送其「仙手佛心」匾額一方，懸掛門楣，永作紀念。

1937年「七七事變」後，永年完小、中校相繼恢復，請先生任教，堅辭不就。1940年，日偽縣長何某請其教拳，以足疾難癒辭。惟閉門教子侄拳，課子侄讀，醉心於詩詞書畫，聊以遣發憂鬱之心情。

此後家道日落，布衣粗食，憂國憂民，積久成疾，城外八路軍地工（城內為淪陷區）多為原十三中校學生，感先生之「民族氣節」，潛入城中，為其醫治，終因病重，

醫治無效，於1943年臘月逝世。

先生雖不以教拳為生，但數十年堅持練拳終生不懈。常曰：「拳譜之理甚精，習拳者之技藝高下，惟視其方法是否正確，及其所下之工夫久暫而定。」又曰：「內家拳非著重於『力』，而要意、氣、神也。必須內外一體，周身一家，非囿於一招一勢也。」

先生常結合物理學之原理、力學之分解與合成，分析推手蓄發之功，吸即能化，呼即能出，與人相較，屢試不爽，與同輩及子侄推手，常使對方搭手站立不穩，丟手必自行摔跤。惟先生發勁掌握分寸，總使對方後退幾步，即能站穩，以不使人摔倒為原則。

先生有子三人：中藩、正藩、公藩。惟次子正藩從小走架，與父親推手，能繼承家傳。

先生多年積累之太極拳心得體會等筆記，經十四年抗戰，均蕩然無存。李氏素遵祖訓，以誦讀為業，不以教拳為生，因此外界知之甚少，傳人亦不多，但先生編次之《李氏太極拳譜》將永放光芒。李家太極拳四世相傳弗替，在此太極拳空前發揚之際，克紹家業者，將大有人在也。

（據師弟李正藩提供資料整理）

回憶先師李化南先生二三事

李迪生

　　我學習太極拳是由同學李屏藩介紹的。他也愛拳，提起練拳的事，他非常高興，並說：「我族叔李化南（棠蔭）在西街教學，他原在太原授拳，名氣很大，現在回來了，在家教書。我去求他，看看如何？」經屏藩介紹，我們聯絡同學四人，即李屏藩、李錦藩、趙振國和我，到李老師處學拳。不久師父看我們有點學拳的材料，就收為門徒，拜師學藝。

　　先師李化南是城內西街武術世家、太極拳大師李亦畬的長門親孫，其父李石泉為李亦畬老先生的長子，先師化南之兄李槐蔭（字子固，即《廉讓堂太極拳譜》編著者）。先師幼年即隨其父和兄長練拳，頗得家系真傳。他有時也向其叔父李遜之先生請教。

　　先師自幼聰慧，學習頗快，因此，在這些老前輩的指導、哺育下，練得一身太極拳功夫，對太極拳的技藝極備精巧。後隨其兄子固在太原授拳，旋里後即在家鄉教書授拳。至1937年「七七事變」後，參與革命工作，在抗日戰爭和解放戰爭中，戰功卓著。後不幸殉職，葬於邯鄲革命烈士陵園。

　　先師教的拳架為太極拳中架，這趟架子學了兩個半

月。我們是抽課外時間學習的，不能天天學，也不能晚上學，因學校有晚自習，如同上課，到時點名，不能缺課。

在學習過程中先師要求嚴格，一絲不苟，每一招一式都是要按起承轉合一氣完成，把這式做正確後，才能接教下一式，以架中之單鞭式為一小段落，必須一小段一小段做順後才行。

他說：「教拳容易改拳難，馬馬虎虎學過去，以後再改不容易。」所以開始學得很慢，務求正確，並要求每天至少練三遍架子，多者不限。

對身法的要求

必須做到虛靈頂勁，尾閭中正，涵胸拔背，鬆腰落胯，轉接靈活。用意識引導，不用拙力。每式都須做到勁起於腳跟，由腰臂而達於手指，然後將勁鬆開，不能一股勁地一玩到底，也不能自始至終虛地比劃。

虛實分明，開合有致

在練架子中虛實分明是非常重要的，這對初學者來說必須由架勢養成虛實承接的習慣。以後無論在什麼地方應用，一舉動虛實自會擺得正確，才能接勁有方，開合有致，進退得力，走化靈活。

眼神內聚，注視指端

在練架子中眼神內聚，隨手注視，這樣出手既無呆相，而且動作圓活柔順，一氣貫串。如眼神散視，即要產生偏頭縮肩身體歪斜的毛病。

呼吸自然，不要憋氣，使氣血自然流暢。四肢百骸連

綿活動就能促進呼吸勻細深長，增強承受力。

回憶自己在學架當中有偏頭毛病，很長時間才糾正過來。

先師說學習推手有三步

第一步，先練習搭手

即兩人對立，出左（或右）步搭左手，然後互相朝一個方向轉動，專門練習手的接法，不準接於手指上或手背上，而必須接於手腕上。在轉接的過程中不許用力，不許發勁，只要求接得準，接得隨暢。

第二步，在接準轉隨的基礎上練定步推手

由練架子中學來的周身一家腳手隨的整體運動，貫穿到四正（掤攦擠按）和四斜（採挒肘靠）的勁法中去，相互餵勁達到熟練。

在這個學習中允許用發勁和走化勁，用以體會沾黏連隨的勁在自我身上（皮膚上）的感覺。

第三步，教活步推手

活步推手內容更多，在推手中應用的手法、身法、步法的施用方法（包括五步，即前進、後退、左顧、右盼、中定）先師都詳細地講解，每教一個勁別先講明道理，再結合身教示範，使我們從實踐中得以明白。師父說：「身教勝於言教，不親身示範，就很難理解，更難掌握。」在推手練習中我挨的打最多。

有一次師父說，他前後胸都能打人。我想體會一下是怎麼個勁別，徵求師父同意即向師父胸部右側用右拳打

去。當拳似到未到之際，好像受到一種挫力，把直拳打成栽拳，像打到一個皮球上似的，只覺得拳向下栽了一下，先師右臂往外些許一伸，「哈」的一聲我早已跌出八尺以外。又叫打後胸，我當時沒敢打。屏藩打了一下後胸，被發到門檻上。

1936年春節，城隍廟看燈，我對門鄰居染房鋪一個夥計叫小喜，是武安人，會梅花拳，雖然不是大成手也是練了幾年了，喜歡打鬧。

在看燈的路上，經過節孝祠（教學的地方），我進去後看到先師在找什麼東西，他見我進來，停下問：「你幹什麼？」我說：「看燈路過。」「有事嗎？」我說鄰居小喜總想學前後胸打人，是否能教他。先師笑了：「那有什麼好處，招是惹非的。」說著小喜進來了，先師問他說：「你想學前後胸打人？」「嗯，是。」先師說：「你打前呀，打後呀？」小喜說：「打後。」先師向南走了兩步，面向南，叫小喜由北向南（背後）打，小喜一拳打去。師父一起向後略坐，「哈」的一聲，小喜被跌出碰在一個捐款修祠時豎的石碑上，幸未把頭碰破。

在推手上，除教四正四斜和五行步法外，先師還教了亂採花推手法和散手架子；此外還教了太極拳不輕傳的「搓拔切帶揚沉滾吸」八個勁別，以及在散手中的三種接勁方法。不過因我最愚鈍，只略知皮毛，不能細述。

永年太極園

李正藩

　　20世紀30年代，舉國掀起了抗敵禦侮的高潮。永年縣為楊、武式太極拳的發祥地，全城上下以及民間都有練習太極拳的傳統。除有縣立國術館外，民間亦有各式各樣的練太極拳的群眾組織。永年太極拳的鼎盛，於此可見一斑。先父李福蔭除任國術館教員外，為了至親好友有個研究太極拳的好場所，商及親友，籌集資金，創建了一個「太極醬菜園」（後稱「太極園」），以經營所得，作為日常開支費用。

　　太極園採用募股的辦法，每股500元，共募5股半，計有：草市街武芳圃（武家緒字輩，武禹襄之孫），洺陽村武常祺（我大姑母之子），肥鄉冷蔭棠（先父盟弟，十三中英語教員），李召蔭（字希伯，信甫公之子）及我父各一股，迎春街郝硯耕（郝為真三子）半股，共集資2750銀圓，於是「太極園」得以誕生。

　　「太極園」位於永年城內東大街道南。武皓山（武家毓字輩）家之西側，原屬皓山之房產，鋪面具有外廊，寬為三間，內有庭院兩進，並有一側院及一小後院。前院很大，為練拳之所。

　　「太極園」成立之時，門庭之上敦厚蒼勁的三個大字

及門庭隔扇的兩首唐詩，為久負盛名的書法家武小宣（邑庠生，工詩詞，善書畫，書法以正楷及行書為優。西大街道南太和堂原為武汝清弟兄房產，後由武小宣之子武毓耕繼承）所書。而每年春節書於門面的若干春聯，則為先父撰書。我尚記得廊柱上所書一副春聯為「太極生無窮變化，醬園是有味經營」，內涵深邃，語意雙關，可稱是一佳聯。

當時常在「太極園」練拳的有武小宣、武勃然、武芳圃、郝硯耕、冷蔭棠、先父、希伯堂叔及東大街王式周表兄（王耕三之子）等。至於子侄輩均尚年幼，則隨其後，亦步亦趨而已。其後亦常有人來此練拳比武，或請求教益，惜余年幼，不識其為何許人，更不知其姓甚名誰也。現將兩首唐詩列下：

涼州詞
王翰
葡萄美酒夜光杯，欲飲琵琶馬上催。
醉臥沙場君莫笑，古來征戰幾人回。

芙蓉樓送辛漸
王昌齡
寒雨連江夜入吳，平明送客楚山孤。
洛陽親友如相問，一片冰心在玉壺。

在「太極園」左右隔扇書此兩首唐詩，寓意有二：

　　一則提示太極拳人，應有抗敵禦侮、保國衛民、征戰沙場的抱負和氣概。雖身臨沙場，卻具有豪放開朗的感情和視死如歸的勇氣。

　　另一首則以「清如玉壺冰」，來暗示太極拳人應有的高潔清白的品格，如有一片冰心在玉壺之中，不為塵垢所染，不為世俗所移。

　　此兩詩實乃當時「太極園」全體太極同仁之心聲，藉古人之詩以抒情言志耳。此亦太極文化之充分發揮也。「七七事變」後，「太極園」停止活動。

第二編

拳架篇

武式太極拳一路

第 一 式	起式	第二十二式	倒攆猴四
第 二 式	左懶紮衣	第二十三式	提手上勢
第 三 式	右懶紮衣	第二十四式	白鵝亮翅
第 四 式	單鞭	第二十五式	左摟膝拗步
第 五 式	提手上勢	第二十六式	手揮琵琶勢
第 六 式	白鵝亮翅	第二十七式	按勢
第 七 式	左摟膝拗步	第二十八式	青龍出水一
第 八 式	手揮琵琶勢	第二十九式	青龍出水二
第 九 式	左摟膝拗步	第 三十 式	三甬背一
第 十 式	右摟膝拗步	第三十一式	三甬背二
第十一式	上步搬攔捶	第三十二式	單鞭
第十二式	如封似閉	第三十三式	雲手一
第十三式	抱虎推山	第三十四式	雲手二
第十四式	手揮琵琶勢	第三十五式	雲手三
第十五式	右懶紮衣	第三十六式	單鞭
第十六式	單鞭	第三十七式	提手上勢
第十七式	迎面掌	第三十八式	右高探馬
第十八式	肘底看捶	第三十九式	左高探馬
第十九式	倒攆猴一	第 四十 式	右起腳
第二十式	倒攆猴二	第四十一式	左起腳
第二十一式	倒攆猴三	第四十二式	轉身蹬一腳

拳架圖解

武式太極拳　　完整演示
簡介　　　　（李光藩）

第一式　起式（面朝南）

　　兩腳與肩同寬，兩膝微屈，兩肩放鬆微向內收。頭部與身體保持正直，兩手自然下垂，置於體側（圖1－1）。

起式

　　兩手徐徐上舉，與肩同寬後下落。兩眼平視，呼吸自然。（圖1－2）

圖1－1　　　　　　　　　　圖1－2

第二式　左懶紮衣（面朝東南）

右腳向內移動45°左右，同時身體向左
側移動，左腳隨右腳移動後，腳尖微微點
地，呈不丁不八步。兩手隨之上舉置於胸
前，左手在前，右手在後，手指自然豎起，
呈荷葉掌。左腳向左邁出，腳跟先著地，右
腳微微後撐。兩手完成掤勁擠按動作，由內
勁支配外形（圖1-3）。

左懶紮衣

第三式　右懶紮衣（面朝西南）

左腳跟稍內扣，同時右腳尖輕輕點地。
兩手置於胸前。右腳輕輕邁出。右手在上，
左手在下，完成掤勁擠按動作。左腿微後撐
（圖1-4）。

右懶紮衣

圖1-3　　　　　　　　圖1-4

第四式　單鞭（面朝東）

右腳內扣45°。左右手掌相托，豎掌。左腳隨右腳移動，腳尖點地（面朝東）。左腳向前邁出，右腳微後蹬成左弓步。左手向左前方伸出，同時，右手向右後撐出（圖1－5）。

單鞭

第五式　提手上勢（面朝西南）

左腳向內扣，右腳尖點地。左手在上，右手在下，置於胸前（圖1－6）。

提手上勢

第六式：白鵝亮翅（面朝西南）

右腳向前邁出（面朝西南），左腳微後撐。右手在額頭處，左手在臉前（圖1－7）。

白鵝亮翅

圖1－5　　　　　　圖1－6　　　　　　圖1－7

第七式　左摟膝拗步（面朝東北）

右腳向內扣，左腳回收靠近右腳。身體向左後方轉動，左手在上，右手在下（圖1-8）。

左摟膝拗步

左腳向前邁出，右手向前伸出；右腳微後撐，左手下落置於左胯旁（圖1-9）。

第八式　手揮琵琶勢（面朝東北）

右腳跟上左腳後即撤步，左腳尖點地後即向前邁步。右手向下抽回後置於胸前，左手在上在前（圖1-10）。

手揮琵琶勢

圖1-8

圖1-9

圖1-10

第九式　左摟膝拗步（面朝東北）

左腳稍向前邁步，右腳微後撐，右手向前伸出，左手下落在胯（圖1－11）。

左摟膝拗步

第十式　右摟膝拗步（面朝東南）

右腳跟上左腳後腳尖點地，左腳跟同時微向外側移動。腰帶手身體向右側移動，右腳邁出，左腳後撐。右手下落胯前，左手置於胸前（圖1－12）。

右摟膝拗步

圖1－11

圖1－12

第十一式　上步搬攔捶（面朝正東）

左腳向右腳靠攏，左腳尖點地，右腳跟
同時稍向內扣。右手握拳置於腰處，拳眼朝
上。左腳向前邁出，右腳後撐。右拳衝出，
左手向右手靠攏，右腳跟上左腳後腳尖點地
（圖1-13～圖1-15）。

上步搬攔捶

圖1-13　　　　　圖1-14　　　　　圖1-15

第十二式　如封似閉（面朝正東）

右拳鬆開呈掌，兩手心朝下，稍回抽
（圖1-63）。

左腳向前邁出，右腳後撐呈弓步。兩手
同時向前按出（圖1-16～圖1-18）。

如封似閉

圖1－16　　　　　　圖1－17　　　　　　圖1－18

第十三式　抱虎推山（面朝西北）

左腳尖內扣，轉動，右腳尖點地，身體向後轉270°。左手掌置於胸前，右手掌心朝下，置於右胯旁（圖1－19、圖1－20）。

抱虎推山

圖1－19　　　　　　　　圖1－20

第十四式　手揮琵琶勢（面朝東北）

左腳跟上右腳後撤步，右腳尖點地後即向前邁步。右手向下抽回後在前，左手置於胸前（圖1－21）。

手揮琵琶勢

第十五式　右懶紮衣（面向西南）

右腳輕輕邁出，右手在上，左手在下，完成掤勁擠按動作。左腿微後撐（圖1－22）。

右懶紮衣

圖1－21

圖1－22

第十六式　單鞭（面朝東）

右腳內扣45°，左右手掌相托，豎掌。左腳隨右腳移動，腳尖點地（面朝東）。左腳向前邁出，右腳微後蹬成左弓步。左手向左前方伸出，同時，右手向右後撐出（圖1－23）。

單鞭

圖1－23

圖1－24

第十七式　迎面掌（面朝東南）

左腳內扣，右腳向左腳靠攏後向右邁出，呈右弓步。右腳邁步同時，右手掌伸出（圖1－24）。

迎面掌

第十八式　肘底看捶（面朝西北）

右腳內扣，左腳尖點地，同時身體向左後轉270°。右手由掌變拳，右手經左手下，左手豎掌（圖1－25）。

肘底看捶

圖1－25

第十九式　倒攆猴一（面朝西北）

左腳向前邁出，右腳稍後撐。左手下落於胯旁，右手由拳變掌推出，置於胸前，左手在下，右手在上（圖1−26）。

倒攆猴一

第二十式　倒攆猴二（面朝西南）

左腳內扣，同時右腳尖點地後180°轉動。同時，右手臂平舉，左手豎掌，即平臂帶人，立掌發人。定勢後，左手在上，右手在下（圖1−27）。

倒攆猴二

第二十一式　倒攆猴三（面朝西北）

左腳向前邁出，右腳稍後撐。左手下落於胯旁，右手豎掌推出，置於胸前，左手在下，右手在上（圖1−28）。

倒攆猴三

圖1−26　　　　　　圖1−27　　　　　　圖1−28

第二十二式　倒攆猴四（面朝西南）

左腳內扣，同時右腳尖點地後180°轉動。轉動中右手臂平舉，左手豎掌，即平臂帶人，立掌發人。定勢後，左手在上，右手在下（圖1—29）。

倒攆猴四

第二十三式　提手上勢（面朝西南）

左腳向內扣，右腳尖點地。左手在上，右手在下，置於胸前（圖1—30）。

提手上勢

第二十四式　白鵝亮翅（面朝西南）

右腳向前邁出（面朝西南），左腳微後撐（圖1—31）。

白鵝亮翅

圖1—29　　　　　　圖1—30　　　　　　圖1—31

第二十五式　左摟膝拗步（面朝東北）

右腳向內扣，左腳回收靠近右腳。身體向左後方轉動，左手在上，右手在下（圖1－32）。

左摟膝拗步

右手在額頭處，左手在臉前。左腳向前邁出，右手向前伸出。右腳微後撐，左手下落置於胯前（圖1－33）。

第二十六式　手揮琵琶勢（面朝東北）

右腳跟上左腳後即撤步，左腳尖點地後即向前邁步。右手向下抽回後置於胸前，左手在上在前（同圖1－10）。

手揮琵琶勢

圖1－32

圖1－33

第二十七式　按勢（面朝東）

左腳尖點地，右腳微（朝東）。彎腰下按，右手坐腕，左手腕朝後，指尖朝上（圖1-34）。

按勢

第二十八式　青龍出水一（面朝東）

左腳向前邁出，左手在胸前坐腕。右腳微撐，呈左弓步，右手在額頭處（圖1-35）。

青龍出水

第二十九式　青龍出水二（面朝西）

左腳跟向右後轉成180°，右腳微點地後邁出。左手在額前，右手平推出（圖1-36）。

圖1-34　　　　　圖1-35　　　　　圖1-36

第三十式　三角背一（面朝西南）

右腳跟稍內扣，左腳尖點地後向左45°邁出，右腳微後撐。兩手由下朝上畫弧線推出，坐腕與胸同高，左手略高（圖1－37）。

三角背一

第三十一式　三角背二（面朝西北）

動作相同，方向相反（圖1－38）。

三角背二

第三十二式　單鞭（面朝東）

右腳內扣45°。左右手掌相托，豎掌。左腳隨右腳移動，腳尖點地（面朝東）。左腳向前邁出，右腳微後蹬成左弓步。左手向左前方伸出，同時，右手向右南撐出（圖1－39）。

單鞭

圖1－37　　　　　　圖1－38　　　　　　圖1－39

第三十三式　雲手一（面朝南）

左腳向右腳靠攏後向左邁橫步，左腳尖向左45°，右腳微撐。左手先隨右腳收回於腹前，手心朝上。右腳隨左腳向左邁橫步。左手變在上，掌心朝下；右手變在下，掌心朝上。（圖1－40～圖1－45）

雲手一

圖1－40

圖1－41

圖1－42

圖1－43

圖1－44

圖1－45

圖1-46

第三十四式　雲手二（面朝西）

　　左腳跟內扣，右腳尖點地後撤步。右手由下往上豎掌，左手在下，兩手有對應之意，上下翻飛，腰帶四肢（圖1-46）。

雲手二

第三十五式　雲手三

　　左腳向右腳靠攏後向左邁橫步，左腳尖向左45°，右腳微撐。左手先隨右腳收回於腹前，手心朝上。右腳隨左腳向左邁橫步，左手變在上，掌心朝下；右手變在下，掌心朝上（見圖1-40～圖1-45）。

雲手三

圖1-47

第三十六式　單鞭（面朝東）

　　右腳內扣45°，左右手掌相托，豎掌。左腳隨右腳移動，腳尖點地（面朝東）。左腳向前邁出，右腳微後蹬成左弓步。左手向左前方伸出，同時，右手向右後撐出（圖1-47）。

單鞭

第三十七式　提手上勢（面朝西南）

左腳向內扣，右腳尖點地。左手在上，右手在下，置於胸前（圖1−48）。

第三十八式　右高探馬（面朝東南）

右腳向右45°邁出，左腳微撐，呈右弓步。左手在上，掌心朝下；右手在下，掌心朝上（圖1−49）。

右高探馬

第三十九式　左高探馬（面朝東北）

右腳內扣，左腳尖著地後向左45°邁出。左手下落在左下，掌心朝上；右手在上，掌心朝下（圖1−50）。

左高探馬

圖1−48　　　　　　圖1−49　　　　　　圖1−50

第四十式　右起腳（面朝東南）

右腳靠攏左腳後起腳，腳尖朝前，左腳支撐，膝微屈。兩手收回胸前後外撐（圖1-51）。

右起腳

第四十一式　左起腳（面朝東南）

右腳尖落地後呈支撐腿，左腳起腳，腳尖朝前。腳時，意在腳尖。兩手收回胸前後外撐（圖1-52）。

左起腳

第四十二式　轉身蹬一腳（面朝西）

轉身180°，左腳尖點地後腳跟蹬出，腳尖朝上，右腳支撐。左手在胸前，掌心向前，指尖向上（圖1-53）。

轉身蹬一腳

圖1-51

圖1-52

圖1-53

第四十三式　踐步栽捶（面朝西）

雙腳離地，向前跳躍。左手在前，在上，右手在下。雙腳落地後呈左弓步。左手在左胯處，右手握拳栽捶，拳面朝下，拳眼朝前（圖1－54）。

踐步栽捶

第四十四式　翻身二起（面朝東）

轉身後180°，左腳在上，右腳在下。右手在上，左手在胯處。左腳下落，右腳起，左腳落地後右腳下落。雙手隨後收回（圖1－55）。

翻身二起

第四十五式　披身（面朝東）

右腳收回，腳尖點地，左膝微屈。左手輕握拳在耳旁，右手握拳在腹部，拳眼有對應之意（圖1－56）。

披身伏虎

圖1－54　　　　　圖1－55　　　　　圖1－56

第四十六式　伏虎（面朝東）

右腳後撤一步，左腳尖點地，右膝微屈。右手握拳在耳旁，左手握拳在腹部（圖1−57）。

第四十七式　踢一腳

左腳跟前踢，腳尖朝上，右腳支撐。雙手由拳變掌，左手在上，右手在下（圖1−58）。

踢一腳

第四十八式　轉身蹬腳

轉身360°，蹬右腿，腳尖朝上，左腳支撐。右手在上在前，左手在下在後，豎腕（圖1−59）。

轉身蹬腳

圖1−57

圖1−58

圖1−59

第四十九式　上步搬攔捶（面朝東）

　　左腳向右腳靠攏，左腳尖點地，右腳跟同時稍向內扣。右手握拳置於腹處，拳眼朝上。左腳向前邁出，右腳後撐。右拳衝出，左手向右手靠攏（圖1－60～圖1－62）。

圖1－60

圖1－61

圖1－62

第五十式　如封似閉（面朝東）

右腳向左腳靠攏後撤回，左腳點地。右拳鬆開呈掌，兩手心朝下，稍回抽（圖1－63）。

如封似閉

左腳向前邁出，右腳後撐呈弓步。兩手同時向前按出（圖1－64）。

第五十一式　抱虎推山（面朝西北）

左腳尖內扣轉動，右腳尖點地，身體向右後轉270°。左手置於胸前，右手掌心朝下，置於右胯旁。右腳向前邁出，左腳呈弓步。左手掌稍向前推，右手稍往回抽（圖1－65）。

抱虎推山

圖1－63

圖1－64

圖1－65

第五十二式　手揮琵琶勢（面朝東）

左腳跟上右腳後即撤步，右腳尖點地後即向前邁步。右手向下抽回後在前，左手置於胸前（圖1－66）。

手揮琵琶勢

第五十三式　右懶紮衣（面朝西南）

右腳輕輕邁出，右手在上，左手在下，完成掤勁擠按動作。左腿微後撐（圖1－67）。

右懶紮衣

第五十四式　斜單鞭（面朝東南）

右腳內扣45°，左右手掌相托，豎掌。左腳隨右腳移動，腳尖點地（面朝東）。左腳向前邁出，右腳微後蹬成左弓步。左手向左前方伸出，同時，右手向右後撐出（圖1－68）。

圖1－66　　　　　圖1－67　　　　　圖1－68

第五十五式　野馬分鬃一（面朝西南）

雙腳同時移動，左腳向右腳靠攏，左手在上，右手在下。左腳向左45°邁出，右腳後撐。右手置於腹前，掌心朝上；左手在上，掌心朝下（圖1-69）。

野馬分鬃一

第五十六式　野馬分鬃二（面朝西北）

左腳跟稍內扣，右腳向右側邁出。右手在上，掌心向下；左手在下，掌心朝上（圖1-70）。

野馬分鬃二

第五十七式　野馬分鬃三（面朝西南）

雙腳同時移動，左腳向右腳靠攏。左手在上，右手在下。左腳向左45°邁出，右腳後撐。右手置於腹前，掌心朝上；左手在上，掌心朝下（圖1-71）。

野馬分鬃三

圖1-69

圖1-70

圖1-71

第五十八式　野馬分鬃四（面朝西北）

左腳跟稍內扣，右腳向右側邁出。右手在上，掌心朝下；左手在下，掌心朝上（圖1－72）。

野馬分鬃四

第五十九式　手揮琵琶勢（面朝東）

左腳跟上右腳後即撤步，右腳尖點地後即向前邁步。右手向下抽回後在前，左手置於胸前（圖1－73）。

手揮琵琶勢

第六十式　右懶紮衣（面朝西南）

右腳輕輕邁出。右手在上，左手在下，完成掤勁擠按動作。左腿微後撐（圖1－74）。

右懶紮衣

圖1－72　　　　　圖1－73　　　　　圖1－74

第六十一式　單鞭（面朝東）

右腳內扣45°，左右手掌相托，豎掌。左
腳隨右腳移動，腳尖點地（面朝東）。

左腳向前邁步，右腳微後蹬成左弓步。
左手向左前伸出，同時，右手向右後撐出
（圖1-75）。

單鞭

第六十二式　玉女穿梭一（面朝西南）

右腳向右側轉，左腳同時靠攏右腳後足
尖點地，向左邁出，右腳後撐。

左手上舉至額部，掌心朝外；右手在臉
前，豎掌（圖1-76）。

玉女穿梭一

圖1-75

圖1-76

第六十三式　玉女穿梭二（面朝東南）

左腳扣，右腳尖點地。雙手下落在胸前。右腳右後側180°邁出，呈右弓步。右手上舉至額部，掌心朝外；左手在臉前，豎掌（圖1-77）。

玉女穿梭二

第六十四式　玉女穿梭三（面朝東北）

右腳內扣，左腳向右腳靠攏後，輕點地。兩手收回胸前。左腳向左側邁出，呈左弓步。左手上舉至額部，掌心朝外；右手在臉前，豎掌（圖1-78）。

玉女穿梭三

第六十五式　玉女穿梭四（面朝西北）

右腳向右後側180°邁出，呈右弓步。右手在額前，左手在臉前（圖1-79）。

玉女穿梭四

圖1-77　　　　　圖1-78　　　　　圖1-79

第六十六式　手揮琵琶勢（面朝東北）

左腳跟上右腳後即撤步，右腳尖點地後即向前邁步。右手向下抽回後在前，左手置於胸前（圖1－80）。

手揮琵琶勢

第六十七式　右懶紮衣（面朝西南）

右腳輕輕邁出。右手在上，左手在下，完成掤勁擠按動作。左腿微後撐（圖1－81）。

右懶紮衣

第六十八式　單鞭（面朝東）

右腳內扣45°，左右手掌相托，豎掌。左腳隨右腳移動，腳尖點地（面朝東）。左腳向前邁出，右腳微後蹬成左弓步。左手向左前方伸出，同時，右手向右南撐出（圖1－82）。

單鞭

圖1－80　　　　　圖1－81　　　　　圖1－82

第六十九式　雲手一（面朝南）

左腳向右腳靠攏後向左邁橫步，左腳尖向左45°，右腳微蹬。左手先隨右腳收回於腹前，手心朝上。右腳隨左腳向左邁橫步。左手變在上，掌心朝下；右手變在下，掌心朝上（見圖1－40～圖1－45）。

雲手一

第七十式　雲手二（面朝西）

左腳跟內扣，右腳尖點地後撤步。右手由下往上豎掌，左手在下，兩手有對應之意，上下翻飛，腰帶四肢（見圖1－46）。

雲手二

第七十一式：雲手三

左腳向右腳靠攏後向左邁橫步，左腳尖向左45°，右腳微撐。左手先隨右腳收回於腹前，手心朝上。右腳隨左腳向左邁橫步，左手變在上，掌心朝下；右手變在下，掌心朝上（見圖1－40～圖1－45）。

雲手三

第七十二式　單鞭（面朝東）

右腳內扣45°，左右手掌相托，豎掌。左腳隨右腳移動，腳尖點地（面朝東）。左腳向前邁出，右腳微後蹬成左弓步。左手向左前方伸出，同時，右手向右後撐出（圖1－83）。

單鞭

第七十三式　下勢（面朝東）

右腿稍後坐。右手在耳旁，左手在膝處。右腿後坐，左膝微屈。右手在耳旁，左手在左踝處。重心移到左腿呈左弓步，左手豎掌在胸前，右手下按在胯旁（圖1－84）。

下勢

第七十四式　右更雞獨立（面朝東）

右腳右手同時上提，右膝彎曲，腳尖下垂，右手豎掌在胸前。左腳支撐，左手按至胯旁（圖1－85）。

右更雞獨立

第七十五式　左更雞獨立（面朝東）

右腳落地後左腳上提，左膝彎曲，腳尖下垂。左手豎掌在胸前。右腳支撐，右手按

左更雞獨立

圖1－83

圖1－84

圖1－85

至胯旁。左腳緩緩向前方蹬出（圖1－86），腳跟發力，腳尖回鉤，高不過胯，低不過膝。

第七十六式　倒攆猴一（面朝西北）

左腳向前邁出，右腳稍後撐。左手下落於胯旁，右手由拳變掌推出，置於胸前，左手在下，右手在上（圖1－87）。

倒攆猴一

第七十七式　倒攆猴二（面朝西南）

左腳內扣，同時右腳尖點地後180°轉動。轉動中右手臂平舉，左手豎掌，即平臂帶人，立掌發人。定勢後，左手在上，右手在下（圖1－88）。

倒攆猴二

圖1－86　　　　圖1－87　　　　圖1－88

第七十八式　倒攆猴三（面朝西北）

左腳向前邁出，右腳稍後撐。左手下落於胯旁，右手豎掌推出，置於胸前，左手在下，右手在上（圖1-89）。

倒攆猴三

第七十九式　倒攆猴四（面朝西南）

左腳內扣，同時，右腳尖點地後180°轉動。轉動中右手臂平舉，左手豎掌，即平臂帶人，立掌發人。定勢後，左手在上，右手在下（圖1-90）。

倒攆猴四

第八十式　提手上勢（面朝西南）

左腳向內扣，右腳尖點地。左手在上，右手在下，置於胸前（圖1-91）。

提手上勢

圖1-89　　　　圖1-90　　　　圖1-91

第八十一式　白鵝亮翅（面朝西南）

右腳向前邁出，左腳微後撐。右手在額頭處，左手在臉前（圖1－92）。

白鵝亮翅

第八十二式　左摟膝拗步（面朝東北）

右腳向內扣，左腳回收靠近右腳。身體向左後方轉動，左手在上，右手在下。左腳向前邁出，右手向前伸出。右腳微後撐，左手下落置於左胯旁（圖1－93）。

左摟膝拗步

第八十三式　手揮琵琶勢（面朝東）

右腳跟上左腳後即撤步，左腳尖點地後即向前邁步。右手向下抽回後置於胸前，左手在上在前（圖1－94）。

手揮琵琶勢

圖1－92

圖1－93

圖1－94

第八十四式　按勢（面朝東）

左腳尖點地，右腳微內扣（朝東）。彎
腰下按，右手坐腕，左腕朝後，指尖朝上
（圖1－95）。

按勢

第八十五式　青龍出水一（面朝東）

左腳向前邁出，左手在胸前坐腕。右
腳微撐，呈左弓步，右手在額頭處（圖1－
96）。

青龍出水

第八十六式　青龍出水二（面朝北）

左腳跟向右後轉成180°，右腳微點地後邁出。左手在
額前，右手平推出（圖1－97）。

圖1－95

圖1－96

圖1－97

第八十七式　三甬背一（面朝西南）

　　右腳跟稍內扣，左腳尖點地後向左45°邁出，右腳微後撐。兩手由下朝上畫弧線推出，坐腕與胸同高，左手略高（圖1−98）。

三甬背一

第八十八式　三甬背二（面朝西北）

　　動作相同，方向相反（圖1−99）

三甬背二

第八十九式　單鞭（面朝東）

　　右腳內扣45°，左右手掌相托，豎掌。左腳隨右腳移動，腳尖點地（面朝東）。左腳向前邁出，右腳微後蹬成左弓步。左手向左前方伸出，同時，右手向右後撐出（圖1−100）。

單鞭

圖1−98　　　　　圖1−99　　　　　圖1−100

第九十式　雲手一（面朝南）

左腳向右腳靠攏後向左邁橫步，左腳尖向左45°，右腳微蹬。左手先隨右腳收回於腹前，手心朝上。右腳隨左腳向左邁橫步。左手變在上，掌心朝下；右手變在下，掌心朝上（見圖1-40～圖1-45）。

雲手一

第九十一式　雲手二（面朝西）

左腳跟內扣，右腳尖點地後撤步。右手由下往上豎掌，左手在下，兩手有對應之意，上下翻飛，腰帶四肢（同圖1-46）。

雲手二

第九十二式　雲手三

左腳向右腳靠攏後向左邁橫步，左腳尖向左45°，右腳微撐。左手先隨右腳收回於腹前，手心朝上。

右腳隨左腳向左邁橫步，左手變在上，掌心朝下；右手變在下，掌心朝上（同圖1-40～圖1-45）。

雲手三

第九十三式　單鞭（面朝東）

右腳內扣45°，左右手掌相托，豎掌。左腳隨右腳移動，腳尖點地（面朝東）。

左腳向前邁出，右腳微後蹬成左弓步。

單鞭

左手向左前方伸出，同時，右手向右後撐出（圖1－101）。

第九十四式　右高探馬（面朝東南）

右腳向右45°邁出，左腳微撐，呈右弓步。左手在上，掌心朝下，右手在下，掌心朝上（圖1－102）。

右高探馬

第九十五式　對心掌（面朝東）

右腳向內扣（方向正東），左腳跟著地，右腿微屈。兩掌上劃交於胸前，右臂朝左，左掌朝右（圖1－103）。

對心掌

圖1－101　　　　圖1－102　　　　圖1－103

第九十六式　單擺蓮（面朝西）

身體向右後轉，右腳從左向右畫弧落下。左手拍右腳面，右手向下（圖1-104）。

單擺蓮

第九十七式　上步指襠捶（面朝西）

右腳落地，左腳向前邁步，呈左弓步。右拳由下向上挑，拳眼朝上，左手在胯旁（圖1-105）。

上步指襠捶

第九十八式　上步懶紮衣（面朝西）

右腳上步，雙手在胸前，動作同右懶紮衣（圖1-106）。

上步懶紮衣

圖1-104

圖1-105

圖1-106

第九十九式 單鞭（面朝東）

右腳內扣45°，左右手掌相托，豎掌。左腳隨右腳移動，腳尖點地（圖1－107）。

單鞭

第一百式 下勢（面朝東）

右腿稍後坐。右手在耳旁，左手在膝處。右腿後坐，左膝微屈。右手在耳旁，左手在左踝處。重心移到左腿呈左弓步。左手豎掌在胸前，右手下按在胯旁（圖1－108）。

下勢

第一百零一式 上步七星（面朝東）

右腳上步，右腳跟點地。雙手交叉在胸前，右手在下，左手在上（圖1－109）。

上步七星

圖1－107

圖1－108

圖1－109

第一百零二式　退步跨虎（面朝東）

右腳撤步，同時，左腳尖微點地。兩
手由掌握拳，右拳置於右耳處，左拳在胯處
（圖1－110）。

退步跨虎

第一百零三式　轉腳擺蓮（面朝東）

左腳離地後向右後轉270°後再轉180°，
右腳尖同時轉動。兩手由握拳變掌，右手由
下而上，左手由上而下。右腳向左向右畫弧
擺出，與肩同高。兩手由左向右順勢拍右腳
背外側（圖1－111）。

轉腳擺蓮

圖1－110

圖1－111

第一百零四式　彎弓射虎（面朝東南）

右腳跟落地後呈45°，左腳微後蹬呈右弓步。身體向右，右手握拳回拉，左手掌向前推出，呈拉弓式（圖1－112）。

彎弓射虎

第一百零五式　懶紮衣（面朝南）

重心移到右腳，右腳靠攏左腳後即腳尖點地。正面懶紮衣，動作過程同前右懶紮衣（圖1－113）。

懶紮衣

第一百零六式　退步雙抱捶（面朝南）

左腳上前一步與右腳靠攏後，腳尖輕點地後撤。雙手前衝拳後收回（圖1－114）。

退步雙抱捶

圖1－112　　　　圖1－113　　　　圖1－114

第一百零七式　十字手（面朝南）

左腳後撤一步，右腳跟上。雙拳在胸前交叉後變掌，呈十字手（圖1-115）。

第一百零八式　合太極（面朝南）

合太極

雙腳與肩同寬，膝微屈後慢慢伸直。兩手十字分開後，收回胯旁，收勢（圖1-116）。

圖1-115

圖1-116

演練：李志紅
攝影：王全嶺

完整演示
（李志紅）

武式太極拳二路

拳架圖解

完整演示
（李志紅）

預備式

面向正南，自然站立，兩腳直向前方
與肩同寬，全身放鬆，兩臂自然下垂，手心
向內，手指向下，兩眼向前平視，神情安舒
（圖2-1）。

預備式

第一式　上金鋼

重心右移，身體緩慢下蹲，以右腳跟為
支點，虛左腳，身體由左向右轉體45°，左腳
向左前方45°邁出一步。雙手掌心相對，緩
緩向身體左前方提起，高不過眉（圖2-2）。

上金鋼

圖2-1

圖2-2

第二式　懶紮衣

　　重心左移，提右腳，向身體右側邁步，足跟先著地。左手叉腰，右手向體前自上而下緩慢畫圓，向右前方45°分出，高不過眉，遠不出足（圖2-3）。

懶紮衣

第三式　單鞭

　　左腳並右腳，左手並右手，雙手同時合抱手胸前，兩腿仍為右實左虛。向左邁左步，身體向左轉，左足跟著地，足尖上翹。徐徐分開左右手，左手高不過眉，右手高不過肩。重心左移，成左弓步（圖2-4）。

單鞭

圖2-3

圖2-4

第四式 固心炮一

右腳並跟左腳（上踐步），左腳向前方邁步。左手直擊敵當心，右手勾拳擊敵後腦（圖2－5）。

固心炮一

第五式 固心炮二

右腳向右前方45°邁出。左手向體左下方畫弧，右手向敵咽喉擊出。成右弓步（圖2－6）。

固心炮二

第六式 前蹚拗步

腳向左前方掃蹚腿（半掃蹚），並右腳，右震腳，向左前方邁左步，身體向左靠出（圖2－7）。

前蹚拗步

圖2－5

圖2－6

第七式　回頭披身

　　重心右移，右肘向右撞出。雙足發力，身體向上躍起，由右向左體轉270°（圖2－8），雙足落地成馬步（圖2－9）。

　　右手食指和中指向敵之雙眼插出，左手護襠（圖2－10）。

回頭披身

圖2－7

圖2－8

圖2－9

圖2－10

第八式　翻身指襠

左步向前邁出。左手向左上方撩出（圖 2－11）。

上右步，右拳直擊對方襠部（圖2－12）。

翻身指襠

圖2－11

圖2－12

第九式　翻身舞袖

退右步，向前墊左步。雙手向前推出（圖2－13）。

退左步，向前墊右步。雙手向前推出（圖2－14）。

翻身舞袖

第十式　攦手

左腿向前邁出。左手隨左腿向左前方穿

攦手

圖2－13　　　　　圖2－14　　　　　圖2－15

出。上右步，轉體180°成馬步。右拳擊左掌（圖2－15）。

第十一式　腰攔肘

身體重心右移，右肘向右擊出（圖2－16）。

腰攔肘

圖2－16

圖2－17

第十二式　大紅拳

大紅拳

　　提右膝擊敵襠部，翻右拳擊敵太陽（圖2－17）。

　　右腿向前蹬出，雙掌向前推出，成右弓步（圖2－18）。

　　轉體180°，提左膝擊敵襠部。翻左拳擊敵太陽穴（圖2－19）。

　　左腿向前蹬出。雙手向前推出，成左弓步（圖2－20）。

圖2－18

圖2－19

圖2－20

第十三式　玉女穿梭

起勢，重心右移虛左步。右手緩緩向右上方提起，高不過頂，左手護襠（圖2-21）。

左腿向左前方45°邁出，腳跟先著地，足尖上翹，重心左移，成左弓步。左手由右向左移切敵脖頸，右手擊敵小腹（圖2-22）。

提右腿靠左腿，成右虛步，向右前方45°邁出右腿，右足跟先著地，重心右移，成右弓步。右手由左向右橫切敵之脖頸，左手擊敵小腹（圖2-23）。

玉女穿梭

圖2-21

圖2-22

圖2-23

第十四式　倒騎龍

重心左移，雙足起跳，從左向右轉體180°。右拳擊敵脖頸右動脈，左手護襠（圖2-24）。

倒騎龍

第十五式　演手右邊肘

上左步。左拳擊敵當心，右肘後撞（圖2-25）。

演手右邊肘

第十六式　獸頭勢

以左腿為軸，由右向左轉體180°。右手成勾拳擊敵後腦，左手擊敵襠部（圖2-26）。

獸頭勢

圖2-24　　　　　圖2-25　　　　　圖2-26

第十七式　披架子

重心右移，虛左腿，身體由右向左轉45°，上左步，重心左移。左右手點擊敵之小腹（圖2－27）。

披架子

身體由左向右轉動180°，擠上右步。左右手點擊敵之小腹（圖2－28）。

第十八式　伏虎式

左腿向右腿墊步，右腿向前蹉步，左腿跟步。右拳擊敵當心，左拳擊敵襠部（圖2－29）。

伏虎式

圖2－27　　　　　圖2－28　　　　　圖2－29

第十九式　演手黃龍三攬水

提左腿成左虛步。雙手合於胸前（圖2－30）。

上左步，左足跟先著地。雙手緩慢下沉於小腹間，由小演手黃龍腹間向上緩慢推出，重心前移（圖2－31）。

演手黃龍
三攬水

第二十式　右衝

右腿向前邁步，右拳向敵腹部擊出，成馬步（圖2－32）。

右衝

圖2－30

圖2－31

圖2－32

第二十一式　左衝

左腿向前邁步，左拳向敵腹部擊出（圖2－33）。

左衝

第二十二式　演手掃蹚

重心右移，左腿由左向右掃蹚腿，轉體180°（圖2－34）。

演手掃蹚

第二十三式　左耳紅

上左步。左手前，右手後，左手背擊敵面門，成左虛步（圖2－35）。

左耳紅

圖2－33　　　　圖2－34　　　　圖2－35

第二十四式　演手變式

雙手由上而下化敵來勁，上左步雙手向下按出，擊敵小腹（圖2－36）。

雙手由左向右隨體轉90°，右拳向前擊出，左肘向後撞出（圖2－37、圖2－38）。

左拳向前擊出，右肘向後撞出（圖2－39）。

演手變式

圖2-36

圖2-37

圖2-38

圖2-39

圖2-40

第二十五式　裹裡肘

　　重心左移，虛右腿。雙手交於腹前，重心下移成馬步，雙肘向後同時撞出（圖2-40）。

裹裡肘

第二十六式　懶紮衣

右腿向右前方45°邁出，腳跟先著地，腳趾上翹，重心右移（圖2－41）。

懶紮衣

第二十七式　單鞭

詳見第三式注解（圖2－42）。

單鞭

第二十八式　上步七星

左腿向前弓步，身體前移。同時，左手向上向前抬至肩平，右手下落至右胯側，面向正東，目視前方。

上步七星

右足向前邁步至左足旁，足尖點地，兩腿為左實右虛。同時，右手變拳向上畫弧至胸前，左手變拳至右拳內交叉。目視前方（圖2－43）。

圖2－41　　　　　　圖2－42　　　　　　圖2－43

第二十九式　退步跨虎

右腿向後退步，左腿變虛後移。右拳上撩，左拳下落，面向正東。

退步跨虎

右腿坐實，身體後移，左腿回收至身前點地。同時，兩拳上下分開，右掌至頭右側上方，左掌落至左胯前側。

目視前方（圖2－44）。

第三十式　轉腳擺蓮

以右足跟為軸，左足尖著地掃蹚腿；同時，向右轉360°。

轉腳擺蓮

左腿掃至右腿前，落實，身體右轉，右腿提起，由左向右擺打，兩手同時向下向右向左拍打右足面（圖2－45）。

圖2－44　　　　　　　　圖2－45

第三十一式　彎弓射虎

右足向西南方落步，前弓右腿，面向東南。兩手同時由左向下向右收至胸前。目視前方。

腰向右微轉，兩手變拳，由下向上至面前左右分開成拉弓狀。目視東南（圖2－46）。

彎弓射虎

第三十二式　上步雙抱捶

左腿向東南方上步。並雙拳，拳心相對，向敵之下腹部擊出，成左弓步（圖2－47）。

上步雙抱捶

圖2－46

圖2－47

第三十三式　退步合太極

重心右移，提左腿靠右腿側；重心左移，成右虛步。雙拳交叉合抱於胸前（圖2-48）。

退步合太極

第三十四式　收勢

兩手由拳變掌徐徐下按至兩胯旁，身體立起，面向正南，恢復起勢姿勢（圖2-49）。

收勢

圖2-48

圖2-49

演練：李志紅

第三編

技擊篇

武式太極拳二路招法運用解

　　武式太極拳二路拳架及招法運用，歷來很少外傳，今在二路拳架基礎上，摘其主要技擊動作配以圖片與二維碼視訊加以說明，更能使武術愛好者一目了然，以供大家學習研討，圖左為甲方，圖右為乙方。

第一式　懶紮衣

　　預備式。甲方上右步出右掌猛擊乙方臉部，乙方退左步含身形，重心後坐於左腿，右手自下而上黏住甲方肘部（圖3－1）。

懶紮衣

　　乙方擠右步，右手拿甲方肩部，左手猛擊甲方肋部，重心前移，乙方跌出（圖3－2）。

圖3－1　　　　　　　　圖3－2

第二式 固心炮

　　預備式。甲方上右步出右掌猛擊對方胸部，乙方體左轉，上右步以左肘黏住甲方右臂，右手搭在甲方左肩（圖3-3）。

固心炮

　　乙方重心前移，左拳猛擊甲方咽喉，右拳猛擊甲方後腦，甲方防不勝防（圖3-4）。

圖3-3　　　　　　　　　　圖3-4

第三式 前蹚拗步

　　預備式。甲方上右步出右拳猛擊乙方面門。乙方右手拿其右腕，左手黏肘向右側牽引，同時左腳掃甲方後腳跟（圖3-5）。

前蹚拗步

　　甲方鬆右臂，提右膝，重心後移化解乙方攻勢，乙方順勢上步，前移重心，將甲方靠出（圖3-6）。

圖3-5　　　　　　　　圖3-6

第四式　翻身舞袖

　　預備式。甲方上右步出右手猛擊乙方頭部，乙方退右步出右手，自下而上黏住甲方腕部（圖3-7）。

翻身舞袖

　　乙方順甲方猛擊之勢將甲方進懷中（圖3-8）。

圖3-7　　　　　　　　圖3-8

甲方發覺不妙急欲抽身，乙方順勢將甲方發出（圖3－9）。

第五式 腰攔肘、大紅拳

大紅拳

預備式。乙方上右步出右掌向甲左側面頰打來，甲方上墊左步，出左手拿住乙方右臂（圖3－10）。

圖3－9

圖3－10

甲方上右步插入乙方襠部，右肘猛擊乙方肋部（圖3－11）。

圖3－11

　　乙方抽身抽腿急欲逃脫，甲方順勢提腿撩襠，同時翻拳猛擊乙太陽穴（圖3－12）。

圖3－12

圖3－13

圖3－14

第六式　玉女穿梭

　　預備式。甲方出手猛擊乙面部。乙方退左步右手格擋（圖3－13）。

　　甲方右手拿乙方手腕，左手按肘向右下方牽引，同時順勢上步切乙方脖頸（圖3－14）。

玉女穿梭

第七式　獸頭勢

　　預備式。甲方上左步，左手擊乙方前胸，乙方墊左步，左手自下而上黏拿甲左手腕（圖3－15）。

獸頭勢

　　乙方上右步，右手切按甲左肩，左手向後牽引甲之左臂，使之失重（圖3－16）。

　　乙方乘甲方失重之際，左拳擊甲方襠部，右拳擊甲方後腦（圖3－17）。

圖3－15

圖3－16

圖3－17

第八式　伏虎式

預備式。甲方上右步，右擺拳猛擊乙方左頰，乙方左肘往後掛甲右拳，右腿前插（圖3-18）。

乙方在左拳擊甲當心，右拳擊襠，重心前移，甲方跌出（圖3-19）。

伏虎式

圖3-18

圖3-19

第九式　右衝

預備式。乙方上右步，右掌猛擊甲面部，乙方左手從內側黏住甲方右臂（圖3-20）。

甲方上右步衝右拳擊乙方小腹（圖3-21）。

右衝

第十式　左耳紅

預備式。乙方上右步出右手，以手背向甲

左耳紅

方臉部摔來，甲方出右臂招架（圖3－22）。

乙方左手猛按甲方右肘，使其黏不牢乙方右手，同時乙之右手迅速翻扣甲之右臉（圖3－23）。

圖3－20

圖3－21

圖3－22

圖3－23

演練：李志紅、李紅旗、褚福星

注解：李紅旗

攝影：吳書平、黃鶴

武式太極拳推手

　　武式太極拳推手，分為四正推手和四隅推手。四正推手使用掤、捋、擠、按手法進行訓練。四正推手又分為定步推手和活步推手。四隅推手則是運用採、挒、肘、靠手法訓練的，所打方向是四角。

　　下面僅介紹四正推手和一步一換手。

一、四正定步推手

　　武式有「老三著」定步推手，武禹襄大哥武秋瀛拳論中說，初學打手，先學摟按肘。此用摟（即捋），彼用肘（即擠）；此用按，彼用摟；此用肘，彼用按。二人手不

四正定步
推手

離肘，肘不離手，互相沾連，來往循環，週而復始，謂之「老三著」。

1. 預備式

　　做定步推手時，二人首先對面站立，相距兩步遠，此時必須內固精神，外示安逸，思想集中，身體中正安舒，呼吸深細勻長，氣勢收斂含蓄，兩眼平視（圖4-1）。

2. 搭手

　　接上式，雙方各進一步，面部隨身體略向側轉，所進之步可為右腳，也可為左腳，同時，伸出一手與對方之手

圖4－1　　　　　　　　　圖4－2

相搭。此時進右步出右手，進左步出左手。搭手時，腕背相接取沾字，臂略屈成弧形，含有掤勁。為說明方便，設圖中白色服裝一方為甲，黑色服裝一方為乙，而雙方都進右步出右手（圖4－2）。

3. 掤勁

接上式，甲乙雙方左手以手心沾接對方肘尖，全身重量落於兩腿之間，肘腕相接，各含掤勁（圖4－3）。

4. 搂（即将）勁

乙右手承甲右手之掤勁，將右臂後引，右手翻轉以手掌貼於乙右手腕處；同時，左手撫於右肘。

順甲之來勢，屈左腿收

圖4－3

圖4－4　　　　　　　　圖4－5

胯，轉腰（向右）。兩手引甲右臂，成為向右的捋式動作
（圖4－4）。

5. 肘勁（即擠勁）

甲方順勢向前以肘勁平擠乙之前胸，同時鬆前胯，向
左向下化開乙方往甲方肘上之按勁；左手接乙方之左手向
左側捋，右手按乙方左肘。

乙方右手沾甲之左肘（圖4－4）。

6. 按勁

乙方順勢向前以肘勁平擠甲之前胸，同時鬆前胯，向
右向下化開甲方往己肘之按勁；右手接甲方之右手向右下
側捋，左手按甲方右肘。

甲方左手沾乙之右肘（圖4－5）。

甲用按，乙用搋；乙用搋，甲用肘；甲用肘，乙用
按。如此週而復始，運轉不已。如變換步法，則按式一方
進步，被按一方撤步。

圖4－6　　　　　　　　　圖4－7

二、四正活步推手

1. 預備式（圖4－1）。

2. 乙方出右手沾搭甲右手腕，上右步。甲方上左步出右手搭乙右手腕，左手心按乙右肘（圖4－6）。

四正活步
推手

3. 甲方先上右步，後上左步，向右下捋按乙之右手肘。

乙方先退右步，後退左步，鬆胯鬆肩，左手腕接過甲方按肘之左手，右手按甲之左肘。

甲方右手速沾乙方之左肘，前腿在乙前腿內側（圖4－7）。

4. 乙方先上左步後上右步，向左下捋按甲之左手肘。

甲方先退左步後退右步，鬆胯鬆肩，右手腕接過乙方按肘之右手，左手按乙之右肘。

圖4-8　　　　　　　圖4-9

乙方左手速沾甲之右肘，前腿在甲方前腿內側（圖4-8）。

　　5. 換步換手。甲方上右步，以右手掤擠乙方前胸，乙方退右步捋按甲方右臂，甲方前腿在乙方前腿內側。

　　這樣雙方再往下訓練，即由甲方左側左臂訓練，變成甲方右側右臂為主訓練（圖4-9）。

　　6. 乙方先上右步後上左步，向右下捋按甲右手臂。

　　甲方先退右步後退左步，鬆胯鬆肩，左手腕接過乙方按肘之左手，右手按乙之左肘。

　　乙方右手速沾甲方之左肘，前腿在甲方前腿內（圖4-10）。

　　7. 甲方先上左步後上右步，向左下捋按乙之左手臂。

　　乙方先退左步後退右步，鬆胯鬆肩，右手腕接過甲方按肘之右手，左手按乙之右肘。

　　甲方左手速沾乙方之右肘，前腿在乙方前腿內側（圖

圖4－10　　　　　　　圖4－11

4－11）。

如此往復循環訓練。

三、一步一換手

1.乙方退右步，向右下攦按甲方右臂。甲方上右步，順勢以肘肩向乙方中線擠靠（圖4－12）。

一步一換手

圖4－12

2. 甲方退右步，向右下攦按乙方右臂。乙方上右步，
順勢以肘肩向甲方中線擠靠（圖4-13）。

3. 圖4-14為換步換手，同上，不再複述。

圖4-13　　　　　　　圖4-14

演練：李志紅、李紅旗、王慶

武式太極拳摔打拿

摔法運用　　　　拿法運用

圖5-1　捌肩摔

圖5-2　捌腿摔

圖5-3　搬攔錘

圖5-4　側身靠

圖5-5　側身摔

圖5-6　固心炮（一）

圖5-7　固心炮（二）

圖5-8　管腿摔

圖5-9　懶紮衣（一）

圖5-10　懶紮衣（二）

圖5-11　前蹚拗步　　　　圖5-12　如封似閉

圖5-13　外擺蓮　　　　　圖5-14　下拉摔

圖5-15　野馬分鬃　　　　圖5-16　右衝（一）

圖5-17　右衝（二）

圖5-18　指襠錘（一）

圖5-19　指襠錘（二）

圖5-20　肘靠

圖5-21　左耳紅（一）

圖5-22　左耳紅（二）

演練：李志紅　王慶

第四編

器械篇

廉讓堂太極刀（隴西氏太極刀）

歌曰：

　　如虎如濤，
　　震撼山嶽，
　　四勢嫻熟，
　　肘彎纏繞，
　　陰陽契合，
　　膽壯氣豪，
　　空而不空，
　　制勝根苗。

　　永年古城有俗語叫「楊家杆子李家刀」，意思是說楊班侯的白蠟杆子、李亦畬的太極刀，都是在咸同年間稱雄於世的技藝。

　　廉讓堂刀法簡潔明快，優雅美觀，具有很高的實用及觀賞價值。今向讀者推出的傳統刀法，是一種易學易記，既能集體表演，又能單練的功夫形式。

套路名稱

預備式

起　式

第　一　式　投石問路

第　二　式　陳涉揭竿

第　三　式　渭濱垂釣

第　四　式　單鞭

第　五　式　怪蟒出洞

第　六　式　回頭望月

第　七　式　隴西四勢

第　八　式　問津指迷

第　九　式　錦雞點頭

第　十　式　野渡舟橫

第十一式　龍騰虎躍

第十二式　左遮右攔

第　十三　式　托樑換柱

第　十四　式　摟膝拗步

第　十五　式　虎項繫鈴

第　十六　式　撩葉覓桃

第　十七　式　長虹橫空

第　十八　式　白猿獻果

第　十九　式　繞樹尋枝

第　二十　式　梨花弄風

第二十一式　懶紮衣

第二十二式　白蛇吐信

第二十三式　金風掃葉

第二十四式　花落水紅

第二十五式　斬斷蘗根

第二十六式　皈依成佛

動作圖解

預備式

面向正南，兩腳分開，與肩同寬。兩臂自然下垂，左手食指、中指、無名指和小指托刀護手，刀背靠在左前肩，刀刃向前。涵胸拔背，氣沉丹田，兩眼平視前方（圖6-1）。

預備式

起式

右腳向正南邁出成右弓步，面向東方。左手抱刀護襠，右掌於胸前作揖。兩腳尖指向東南方（圖6-2）。

起式

圖6-1

圖6-2

第一式　投石問路

右手向後、向下、向前繞刀把一周，然後接刀，兩腳以腳後跟為軸，腳尖向東北方向轉出，同時，右手刀向東南方向自上而下劈出，成左弓步，左掌護胸，面向東南。

投石問路

左腿向西南方退步，刀向東北方向自上而下劈出，成右弓步，面向東北，左掌於身後亮式（圖6-3）。

第二式　陳涉揭竿

以右腳跟為軸，身體向東轉動，左腳虛步與右腳站齊，身體下蹲。刀尖上挑，左掌護胸。目視前方（圖6-4）。

陳涉揭竿

圖6-3

圖6-4

第三式　渭濱垂釣

左腿向正東邁出成左弓步。右手刀自上而下刺出，刀刃向外，左掌於頭上亮式。目視刀尖（圖6－5）。

渭濱垂釣

第四式　單鞭

右腿向正東邁出成右弓步。右手刀向外水平推出，刀刃向外，高與頸齊，左手於身後亮式（圖6－6）。

單鞭

第五式　怪蟒出洞

左膝提起成獨立步。左掌自刀後自下而上穿出，高與眉齊。兩眼目視前方，刀位置不變（圖6－7）。

怪蟒出洞

圖6－5　　　　　圖6－6　　　　　圖6－7

第六式　回頭望月

　　左腳放下，右腳向前上半步；同時，以
右腳跟為軸，從右向左身體轉動180°，面向
正西。右手刀隨即向西劈出，步法為右實左
虛，左手護胸（圖6－8）。

回頭望月

第七式　隴西四勢

　　外剪腕：左腳後退半步，身體略向左轉
避開敵下劈之刀（假設）。同時，用刀尖速
擊敵之手腕內側（圖6－9）。

隴西四勢

圖6－8　　　　　　　　　　圖6－9

　　刺肋：擠右步成右弓步，刀向前平刺（圖6－10）。

　　剉腕：向西上左步，蹲身成馬步。左手扶右手腕，持
豎刀向西北方向推出（圖6－11）。

　　撩腕：提右膝成左獨立步。左手扶右手腕，刀刃向上
撩出，高過頭頂，面向西北（圖6－12）。

圖6－10

圖6－11

圖6－12

圖6－13

削腿：姿勢不變，翻右腕刀向右下方削出，左掌於頭上方亮式（圖6－13）。

第八式　問津指迷

右腿落地成虛步。刀平端胸前，刀刃向左。以左腳跟為軸自右向左平掃一周360°，面向正西，上右步成右弓步。刀平刺而出，

問津指迷

左掌護胸（圖6－14）。

圖6－14

第九式　錦雞點頭

上左步，刀頭向右側點出；上右步，刀頭向左側點出，左掌護胸。左右各二式，共四式。注意運用腕力（圖6－15）。

圖6－15

圖6-16

圖6-17

第十式　野渡舟橫

　　右腿後跨一大步成右弓步。右手持刀平端於頭部右外側亮式，左手護胸，面向西北（圖6-16、圖6-17）。

野渡舟橫

第十一式　龍騰虎躍

　　上右步發力起跳。右手刀藏於左腋下。右旋風腳起跳旋轉180°落地，面向正東（圖6-18～圖6-20）。

龍騰虎躍

第十二式　左遮右攔

　　退左步，向左下方削一刀；退右步，向右下方削一刀。目隨刀走（圖6-21、圖6-22）。

左遮右攔

圖6－18

圖6－19

圖6－20

圖6－21

圖6－22

圖6－23　　　　　　　　　　圖6－24

第十三式　托樑換柱

向正東上右步成右弓步。右手掌心向裡托刀於面前，刀刃向上，左掌護胸，面向正東（圖6－23）。

托樑換柱

第十四式　摟膝拗步

上左步成左弓步。左手於胸前向下往左分，右手持刀於胸前畫弧向右下削，面向正東（圖6－24）。

摟膝拗步

第十五式　虎項繫鈴

向東上右步。左手於面前自左向右畫圓弧圈。上左步成左弓步。右手持刀橫於頭左側，刀刃向上，刀尖向西。目視刀尖，左手亮式（圖6－25）。

虎項繫鈴

圖6－25　　　　　　　　圖6－26

第十六式　撩葉覓桃

上左步，刀從左下側向上撩出，刀刃向
上。

上右步，刀從右下側向上撩出，面向正
西（圖6－26、圖6－27）。左右各二式，共
四式，不再複述。

撩葉覓桃

圖6－27

圖6－28   圖6－29

第十七式　長虹橫空

提左膝成獨立步，面向正南。刀與肩平向正面刺出，左掌與肩平向正東穿出（圖6－28）。

長虹橫空

第十八式　白猿獻果

以右腳跟為軸，身體右轉90°，面向正西。刀橫於面前，刀刃向西，左掌從下向上從刀內側穿出，高不過眉。仍成獨立步不變（圖6－29）。

白猿獻果

第十九式　繞樹尋枝

左腳落下成虛步，以後同第六式回頭望月，面向正東，不再複述。

左腳向西北方向跨一大步成左弓步，右

繞樹尋枝

圖6－30

圖6－31

手持刀從下向西北方向刺出。

　　左腳收於右腳前成虛步。刀收於左肩外側，刀背貼身，刀刃向外。目視刀刃，身體半蹲（圖6－30）。

　　右腿向東北邁一小步，同時以右腳跟為軸從右向左旋轉180°。面向西南劈刀，左虛步右實步，如回頭望月狀（圖6－31）。

　　同上動作，向東北和正東方向各做一遍，直到回頭望月面向正東。

第二十式　梨花弄風

　　向正東上左步。左手掌心向上然後向右平掃，右手持刀在左掌下，刀刃向左，然後向左平掃，雙手交叉於胸前（圖6－32）。

梨花弄風

　　向正東方上右步。左掌心翻轉向下，從右向左平掃，右手翻刀刃從左向右平掃（圖6－33）。

　　以上左右各二式，共四式。

圖6－32　　　　　　　　　圖6－33

第二十一式　懶紮衣

　　左腿向正東邁出一步，左腳尖朝南，右腳朝西南。刀向右上方正西刺出。提左膝，左掌過頭頂亮式。目視刀尖（圖6－34）。

懶紮衣

第二十二式　白蛇吐信

　　左膝落地，重心左移，虛右腿，將刀收於身前。上右步成右弓步。刀向右下方刺出，面向正西。目視刀尖（圖6－35）。

白蛇吐信

第二十三式　金風掃葉

　　重心後移左腿，以左腳跟為軸旋轉。右手平端於胸前，刀尖向前，刀刃向左，由右向左平掃一周。面向正西成馬步（圖6－36）。

金風掃葉

圖6－34　　　　　　　　圖6－35

圖6－36　　　　　　　　圖6－37

第二十四式　花落水紅

右手持刀，左手扶右腕，由上向下劈去（圖6－37）。

花落水紅

圖6－38

圖6－39

第二十五式　斬斷孽根

右腿向左腿後側穿出成歇步。右手持刀向左下方削出，左手於頭頂亮式，面向正南（圖6－38）。

斬斷孽根

第二十六式　皈依成佛

左腿向東邁步，與肩同寬，兩腳尖向正南，面向正南。右手交刀於左手，成預備式狀（圖6－39）。

皈依成佛

演練：李光藩

廉讓堂太極劍

歌曰：

青鋒無法實有法，傳來真法何用多，
切記三法渾一體，攻守肘腕是要訣。

套路名稱

動作圖解

預備式

面向正南，兩腳分開與肩同寬，兩腳尖向正南方。兩臂自然下垂，左手中指、無名指、小指與拇指反托劍的護手，食指按劍柄，劍身平貼在左臂後側，劍尖向上。涵胸拔背，氣沉丹田，兩眼平視前方（圖7－1）。

預備式

第一式　登門拜友

向南上右步成右弓步，身體左轉向正東。右手成劍指於胸前向南推出，左手持劍（劍柄向右下斜）護襠（圖7－2）。

登門拜友

圖7－1

圖7－2

上左步靠近右腿成左虛步，以右腳跟為軸從右向左旋轉90°。同時，左手劍柄緩緩提起，與肩同高，劍尖向下，劍柄向上；右手劍指搭在左手腕上，隨身體一起轉動，面向正東（圖7-3）。

圖7-3

第二式　撥雲摘星

左膝緩緩提起。右手接劍，手心向下；左手心亦向下握成劍指，劍指與劍同時從胸前方向左右打開約90°（圖7-4）。

撥雲摘星

左腳向前輕輕撩出。反手將劍平掃回胸正前方，同進左手劍指，反手內合與右腕交叉，劍尖略比肩高，面向正東（圖7-5）。

圖7-4

圖7-5

圖7－6　　　　　　　　圖7－7

第三式　打草驚蛇

左腿撤步成左弓步。劍隨左膝向下向西穿出，左手劍指隨劍而動，面向西北（圖7－6）。

打草驚蛇

重心右移，右腳尖轉向正東成右弓步，左腳尖轉向東北。同時，右手劍勾掛向上畫弧，然後向正東點下，劍指亮於左額頭上方，面向正東（圖7－7）。

第四式　指東畫西

左腿向右腿後插，身體向東南下蹲成歇步狀。攬劍向東刺出，劍尖高於頭頂，劍指手心向下置於右胸（圖7－8）。

指東畫西

重心上移，向正西方右腿成右弓步。劍收於腰際向西平刺而出，高與胸齊；劍指於右胸向下左上畫弧，亮於左額頭上方，面向正西（圖7－9）。

圖7－8　　　　　　　圖7－9

第五式　隴西四勢

裡剪腕：重心後移，劍尖下點，劍指護胸，護腕，劍尖切敵腕。

刺胸：重心前移成右弓步。右手劍向前平刺，高與胸齊，劍指亮於左額頭上方（圖7－10）。

隴西四勢

圖7－10

圖7－11　　　　　　圖7－12

剉腕：上左步重心下移成馬步。劍於身前豎起，劍尖朝上，劍刃向外；劍指搭在右腕上，隨重心向西北方向推出，面向西北（圖7－11）。

撩腕：右膝提起。劍自下而上撩出，高於頭頂，劍指搭於右腕，面向正西（圖7－12）。

削腿：劍於身前畫弧，向右下方削出，劍指亮於左額頭上方，面向東南（圖7－13）。

圖7－13

圖7－14　　　　　　　　　圖7－15

第六式　負荊請罪

右腿落下，右腳尖點地，以左腳跟為軸，自右向左旋轉270°，劍尖朝上隨右腿轉動，劍指護胸。

負荊請罪

重心右移，身體轉向正面，重心後坐於右腿，虛左腿。劍向正西，自下而上挑出，劍指搭於右腕，上身微前傾（圖7－14）。

第七式　倒攆猴

以右腳跟為軸自右向左轉動，退左步。劍刃豎起，隨劍指（側立，手心向南）從下向上由身體左側向正東穿出。目視劍尖，面向正南（圖7－15）。

倒攆猴

以左腳跟為軸從左向右轉動，退右步。劍身朝上，隨劍指（手心向下）從下向上，由身體右側向正東穿出。目

圖7－16　　　　　　　　圖7－17

視劍尖，面向正北（圖7－16）。

如上左右再做一遍，共四式，不再複述。

第八式　雄鷹捕兔

提左膝。劍朝正西，從頭頂向身體左側後穿，劍指護胸。向正西落左腿成左弓步，腳尖擺向正南，上身扭轉向南（圖7－17）。

雄鷹捕兔

第九式　專諸刺僚

右腳向西上步，兩腳間距與肩同寬。右手翻腕，劍身向上，劍尖從左側向右（正西）刺出，與肩同高，同時劍指朝上向東伸出。左膝提起，身向正南，目視正前方（圖7－18）。

專諸刺僚

圖7－18　　　　　　　　　　圖7－19

第十式　陳倉飛渡

左腿經右腿前向西邁出與右腿交叉。劍與劍指在胸前交叉畫圓。

向西上右步成右弓步。劍向正西劈出，劍指亮於左額頭陳倉飛渡上方，面向正西（圖7－19）。

陳倉飛渡

第十一式　撩袍端帶

右腿向東於左腿前交叉。劍從西向東從上至下於身前畫弧，劍指從東向西從上至下於胸前向左上穿出，面向正南。

向正東邁左步，身向正南成馬步。劍橫於胸前，劍身略撩袍端帶比肩高，劍指護胸（圖7－20）。

撩袍端帶

圖7-20 圖7-21

第十二式　懷中抱笏

以左腳為軸，身體向正東轉成馬步。劍尖朝上，劍刃朝前，豎於身前，劍指搭於右腕（圖7-21）。

懷中抱笏

第十三式　野馬分鬃

撤右步，以右腳跟為軸，身體轉向西北，重心落於右腿，上左步成左虛步。陰手劍隨身體向右後掃帶，略高於肩，劍指手心向上護胸（圖7-22）。

野馬分鬃

向正西上左步踏實，上右步成右虛步。陽手劍從右向左掃帶45°，略高於肩，劍指手心向下護胸（圖7-23）。

同上左右各做一次，共四式，不再複述。

圖7－22

圖7－23

圖7－24

圖7－25

第十四式　驚濤駭浪

　　左步後撤，身體下落成右仆步。劍隨身
體下落，劍柄落於胸前，劍尖向西南，劍指
手心向下護胸。目視劍尖（圖7－24）。

驚濤駭浪

　　重心前移於右腿，左腿用力提起，成右
獨立步。劍身朝上，劍尖向西南刺出，略高於眼，劍指亮
於左額頭上方（圖7－25）。

圖7－26　　　　　　　　圖7－27

第十五式　玉女穿梭

　　向東北撤左步，以右腳跟為軸向東北方向轉身，左腿邁向東北方向成左弓步。劍從西南由上至下劈向東北方向，劍指從右下向左上畫弧，面向東北（圖7－26）。

玉女穿梭

　　向東北方向上右腿成右弓步。劍平收回腰際再向前平刺而出，與胸同高，劍指亮於左額頭上方（圖7－27）。

　　以右腳跟為軸，身體從左向右轉向東南，重心移於右腿，右膝屈，左腳尖點地立於右腳踝內側。橫立劍架於頭上方（隨即下移），劍尖向東北，劍指手心向右立於胸前（圖7－28）。

　　以右腳跟為軸，從右向左轉向西北，成左虛右實步。劍置於右胸前，劍尖指向西北，劍指護胸。

　　向西北方向上右步成右弓步，劍向前平刺，高與胸齊，劍指亮於左額頭上方（圖7－29）。

圖7-28　　　　　　　　　　圖7-29

　　以右腳跟為軸，從左向東南方向轉身，左腿邁向東南方向成左弓步。劍從西北由上至下劈向東南方。隨即收左腿，劍指護胸（圖7-30）。

　　向東南方向上右步成右弓步，劍向前平刺而出，與胸同高，同時劍指亮於左額頭上方（同圖7-28，方向相反）。

圖7-30

圖7－31　　　　　　　　　圖7－32

第十六式　青龍出水

以右腳跟為軸，身體由左向西北旋轉，重心移右腿成右實左虛步，緊接著換為左弓步。劍尖從頭頂由東南調向正西斜下反刺（手心向北），劍指手心向下隨劍斜下伸出，面向正西，目視劍尖（圖7－31）。

青龍出水

重心移於左腿，成左實右虛步，身體從左向右轉向東北，面向正東。劍與劍指同時翻腕，劍尖斜刺向東方。目視劍尖，劍指亮於左額頭上方（圖7－32）。

第十七式　如封似閉

以左腳跟為軸，身體轉向正東，上右腿成右弓步。劍收於腰間向正東平刺出，劍指亮於左額頭上方（圖7－33）。

如封似閉

圖7－33　　　　　　　圖7－34

第十八式　燕歸巢

　　左腿向前邁出，重心落於右腿成左虛
步。同時劍在頭頂沿東南西北方向畫一個
圓，再架劍向東，劍指向上與眼同高。重心
移向左腿，右腿振腳，左腳向前墊步，右腳

燕歸巢

向正東上步成右弓步。劍從頭頂向前平刺而出，劍指亮於
左額頭上方（圖7－34）。

第十九式　雞鳴起舞

　　上左腿，腳尖點地立於右腳內踝處。劍
架於頭頂，劍尖向北，劍柄向南，劍指於胸
前向上與劍身齊。目視劍指（圖7－35）。

雞鳴起舞

　　撤右腿，從右向左轉身180°，面向正
西，上右步成右弓步。然後重做一遍，不再複述。

圖7－35

圖7－36

第二十式　啟爐丹成

撤左步，以右腳跟為軸，身體轉向正南，重心下移成馬步。同時，劍指立於胸前，劍身與人面相照，劍指搭於右腕（圖7－36）。

啟爐丹成

第二十一式　大道渾一

右腿經左腿前向東邁出虛點地，面向東南。劍從身前畫弧，向右下方削出，劍指從胸前向左上穿出（圖7－37）。

大道渾一

第二十二式　道心如爐

左腿向東橫跨一步，面向正南，兩膝微屈。劍由右下向左上斜削交於左手，右手為劍指。向北退右步。左手持劍與右手劍指同

道心如爐

圖7-37　　　　　　　　　　圖7-38

時在身體兩側由下向身後畫立圓後收於身體兩側，道心如
爐劍身貼於左臂後。退左步與右腳齊，足距與肩同寬。目
視前方（圖7-38、圖7-39）。

圖7-39

演練：包惠平

廉讓堂太極四刀法

四刀法為李亦畬宗師首創，李氏門人世代相傳之絕技，極少對外傳授。其刀法，刀刀制人，用法絕妙，無一虛招。

動作圖解

一、裡剪腕（刺胸）

雙方持刀對立，乙方（白衣）進右步，右手舉刀劈向甲方（黑衣）頭部。甲方側身左轉，右手持刀向乙方右手腕部剪去（圖8-1）。

乙方向後撤右腿，撤刀化解來刀。甲方趁勢進步，舉刀刺向乙方胸口（圖8-2）。

圖8-1

圖8-2

二、外剪腕（刺背）

乙方側身左轉，右手持刀外剪甲方持刀之手腕（圖8－3）。

甲方右步左移，撤刀避讓。乙方趁勢進右步，持刀向甲方肩部刺去（圖8－4）。

圖8－3

圖8－4

三、挫腕（刃項）

甲方轉身進左步，右手立刀向乙方右腕挫去（圖8－5）。

乙方身體後移，撤刀化解對方來刀。甲方趁勢進右步，橫刀刃向乙方頸部（圖8－6）。

圖8－5

圖8－6

四、撩腕（削腿）

乙方弓右步，由下向上托刀撩向甲方持刀之手腕（圖8－7）。

甲方後坐，向右上方撤刀化解乙方來刀。乙方順勢旋腕轉刀，向下削下甲方右腿。甲方急收右腿，也同時削向乙方之腿（圖8－8）。

圖8－7

圖8－8

演練：李志紅.王慶

四杆對練

一、平刺心窩

雙方對立，乙方（白衣）握杆向前刺向甲方（黑衣）心窩（圖9－1）。

甲方握杆沾住乙方來杆，向右轉腰，撥開乙方來杆（圖9－2）。

圖9－1

圖9－2

二、下刺腳面

乙方順勢向下刺向甲方前腿腳面（圖9−3）。
甲方退左步，沾乙杆向下撥（圖9−4）。

圖9−3

圖9−4

三、斜刺膀尖

甲方退步，隨乙杆上行，撥開乙杆（圖9-5）。
乙方握杆向上，進步刺向甲方膀尖（圖9-6）。

圖9-5

圖9-6

四、上刺咽喉

甲方撤步向右轉腰，用杆撥開乙杆（圖9－7）。

乙方跟步向前，握杆刺向甲方咽喉（圖9－8）。

圖9－7

圖9－8

演練：李志紅．王慶

附　錄

武式太極拳傳遞表（一）

（李光藩先生提供）

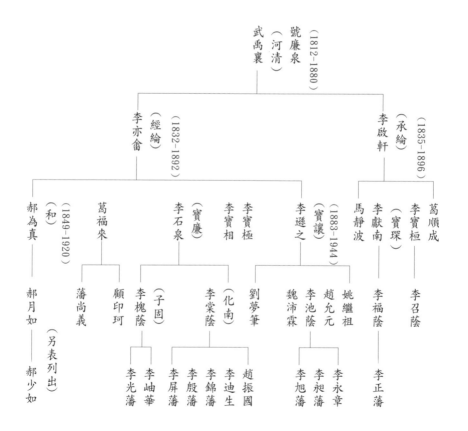

武禹襄（號廉泉）（河清）（1812-1880）

李亦畬（經綸）（1832-1892）　　　李啟軒（承綸）（1835-1896）

郝為真（和）（1849-1920）　萬福來　李石泉（寶廉）　李實相　李寶極　李遜之（寶讓）（1883-1944）　馬靜波　李獻南　李寶桓（寶琛）　葛順成

郝月如　藩尚義　顧印珂　李槐蔭　（子固）　李棠蔭　（化南）　劉夢筆　魏沛霖　李池蔭　趙允元　姚繼祖　李福蔭　李召蔭

郝少如　（另表列出）　李光藩　李岫華　李屏藩　李殷藩　李錦藩　李迪生　趙振國　李旭藩　李昶藩　李永章　李正藩

武式太極拳傳遞表（二）

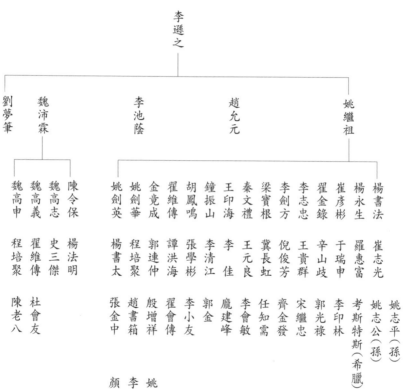

李遜之

劉夢筆　魏沛霖　李池蔭　趙允元　姚繼祖

【魏沛霖】
陳令保　—　楊法明
魏高志　—　史三傑
魏高義　—　翟維傳　—　杜會友
魏高申　—　程培聚　—　陳老八

【李池蔭】
姚劍英　—　楊書太　—　張金中
姚劍華　—　程培聚　—　趙書箱
金竟成　—　郭連仲　—　殷增祥
翟維傳　—　譚洪海　—　瞿會傳
胡鳳鳴　—　張學彬　—　李小友
鐘振山　—　李清江　—　郭金
王印海　—　李佳　—　龐建峰
秦文禮　—　王元良　—　李會敏
姚如月（孫女）　李平方（孫婿）　顏守信（孫婿）

【趙允元】
李劍方　—　倪俊芳　—　齊金發　—　任知需
李志忠　—　王貴群　—　宋繼忠
翟金錄　—　辛山歧　—　郭光祿
崔彥彬　—　于瑞申　—　李印林

【姚繼祖】
楊書法　—　崔志光　—　姚志平（孫）
楊永生　—　羅惠富　—　姚志公（孫）
考斯特斯（希臘）

武式太極拳傳遞表（三）

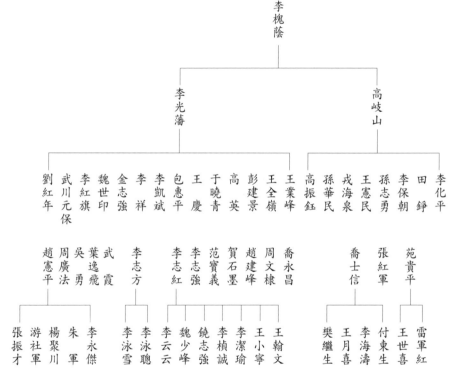

武式太極拳傳遞表（四）

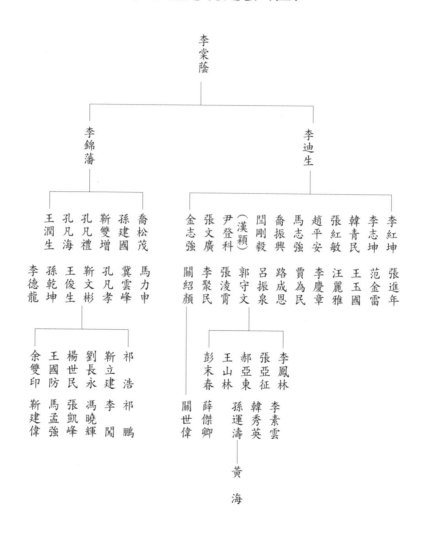

武式太極拳傳遞表（五）

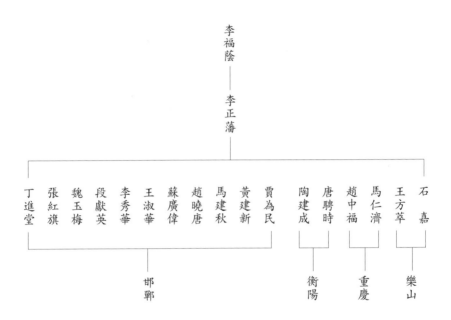

李福蔭
——
李正藩

丁進堂　張紅旗　魏玉梅　段獻英　李秀華　王淑華　蘇廣偉　趙曉唐　馬建秋　黃建新　賈為民　陶建成　唐騁時　趙中福　馬仁濟　王方萃　石嘉

邯鄲　　　　　　　　　　　　　　　　衡陽　　　重慶　　樂山

武式太極拳傳遞表（六）

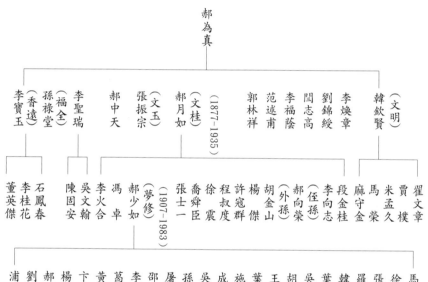

注：郝為真先師還有一些入室弟子，本文作者已記不起來，望原諒！

武式太極拳傳遞表（七）

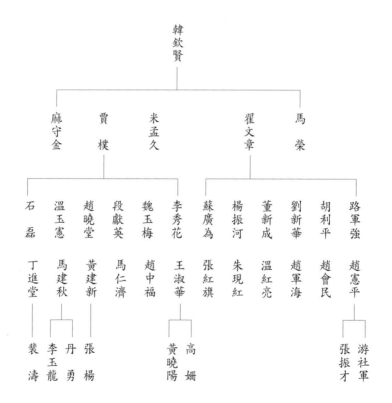

跋

　　受好友一代太極拳宗師亦畬翁五代傳人志紅之托，為其主編的《廉讓堂太極拳傳譜精解》寫跋，我深感對拳譜知之甚淺，恐難以勝任，而好友再三託付，只能不揣淺陋，談幾句《廉讓堂太極拳傳譜精解》之讀後感。

　　廉讓堂是以亦畬翁兩子寶廉、寶讓之名中各取一字而成，並以此堂號冠於其手寫太極拳譜之前，足見其用心良苦，寓意深遠。

　　通讀《廉讓堂太極拳傳譜精解》，顯見亦畬翁平生對太極拳研究之專注，對太極武學之道治學之精深。亦畬翁承前啟後，言傳身教，以科學之態度，辯證求實之法則，解讀陰陽變化之理，論證易道三才之法，匯於萬籟之中，把諸多拳論與實踐合於一體，寫出了《五字訣》《撒放密訣》《走架行功打手要言》等太極拳經典論述，奠定了《廉讓堂太極拳譜》高深的理論基礎。

　　更為獨到的是，亦畬翁提出了「身知」之灼見，從而揭示了太極拳理論源於實踐又指導實踐，知己須知彼、百戰方不殆的武學真諦，把古典太極拳理論與實踐推向了高峰。多少年來，習練太極拳者門派紛呈，論拳爭道各持己見，但均以王宗岳《太極拳論》為理據。然而能熟讀詳解《拳論》者甚少，喋喋不休者卻多。

　　百年之後，我們重讀《廉讓堂太極拳傳譜精解》，彷彿在聆聽亦畬翁對王宗岳《太極拳論》之解讀，同時也體悟到亦畬翁治學之嚴謹與見解之獨到。他將太極拳修煉之難題用「身知」二字一語道破，並將其理論昇華為顛撲不破之真理。此為多個拳派所引用，使我們深感亦畬翁武學精神之偉大，其對太極拳理論貢獻之卓越，使《廉讓堂太極拳譜》成為太極拳發展史上一座豐碑。最後我以七言句恭賀《廉讓堂太極拳傳譜精解》的出版：

> 文韜武略廉讓堂，
> 畬翁故後美名揚。
> 著書解密太極拳，
> 字裡行間傳真言。
> 武學獨到通哲理，
> 精讀拳譜武風起。
> 廉讓堂譜逾百年，
> 繼承弘揚薪火傳。

周潤生[1]
丙申年六月十八日於
古城西安

---

[1] 周潤生，1947年生，中國當代著名武術家、國際級武術裁判，精搏擊、摔跤、推手等。現任陝西省及西安市武協顧問、陝西摔柔協會副主席、西安紅拳研究會名譽會長、西北國術研究院院長。

廉讓堂太極拳傳譜精解

著　　者｜李　志　紅等

責任編輯｜李　博　倫

發 行 人｜蔡　森　明

出 版 者｜大展出版社有限公司

社　　址｜台北市北投區（石牌）致遠一路2段12巷1號

電　　話｜(02) 28236031・28236033・28233123

傳　　真｜(02) 28272069

郵政劃撥｜01669551

網　　址｜www.dah-jaan.com.tw

E-mail｜service@dah-jaan.com.tw

登 記 證｜局版臺業字第2171號

承 印 者｜傳興印刷有限公司

裝　　訂｜佳昇興業有限公司

排 版 者｜千兵企業有限公司

授 權 者｜北京科學技術出版社

初版1刷｜2023年3月

定　　價｜420元

廉讓堂太極拳傳譜精解／李志紅　等　編著
　　—初版—臺北市，大展出版社有限公司，2023.03
　　　面；21公分—（武學釋典；58）
　　ISBN 978-986-346-412-9　（平裝）
　　　1.CST：太極拳
　　528.972　　　　　　　　　　　112000865

大展好書　好書大展
品嘗好書　冠群可期